校企合作
产教融合
★★★★

高等职业教育新商科系列教材
财务会计类"岗课赛证"融通创新成果

U0659739

财务大数据基础

主　编　董丽丽　戚瑞双

副主编　纪明欣　董海峰　张　晓

北京师范大学出版集团
BEIJING NORMAL UNIVERSITY PUBLISHING GROUP
北京师范大学出版社

图书在版编目(CIP)数据

财务大数据基础 / 董丽丽，戚瑞双主编. -- 北京 ：
北京师范大学出版社，2025.1. -- ISBN 978-7-303-30133-1

Ⅰ. F275

中国国家版本馆 CIP 数据核字第 202432GE88 号

出版发行：北京师范大学出版社 https://www.bnupg.com
　　　　　北京市西城区新街口外大街 12-3 号
　　　　　邮政编码：100088

印　　刷：优奇仕印刷河北有限公司
经　　销：全国新华书店
开　　本：889 mm×1194 mm　1/16
印　　张：9
字　　数：230 千字
版　　次：2025 年 1 月第 1 版
印　　次：2025 年 1 月第 1 次印刷
定　　价：40.00 元

策划编辑：鲁晓双　　　　　责任编辑：薛　萌
美术编辑：焦　丽　　　　　装帧设计：焦　丽
责任校对：陈　民　　　　　责任印制：赵　龙

前　言

当前，随着 5G、云计算、人工智能等新一代信息技术的快速发展，信息技术与传统产业加速融合，数字经济蓬勃发展。2015 年 8 月，《促进大数据发展行动纲要》的发布使大数据正式上升至国家战略层面；党的十九大报告提出要推动大数据与实体经济的深度融合；2021 年 11 月，工信部发布《"十四五"大数据产业发展规划》，在技术创新、产品服务、基础设施、数据安全等大数据产业发展的关键环节进行了部署。大数据作为新一轮工业革命中最为活跃的技术创新要素，正在全面重构全球生产、流通、分配、消费等领域，将在数字经济发展中发挥更加重要的创新作用。

财务大数据是指以财务数据为基础，通常需要利用大数据技术和方法进行获取、挖掘和分析处理，以便能为企业经营决策提供更及时、准确的信息支撑。简言之，财务大数据即是聚焦于财务领域的大数据。从微观角度来看，财务大数据在提升企业财务风险管控能力、预算的预测和资源配置能力、经营分析决策能力等方面都有着重要应用。因此，对于财务人员来说，了解大数据的应用场景和常用技术、熟悉财经领域数据的特点和分类、掌握财务大数据的加工和应用等对职业发展意义重大。

2021 年 3 月，教育部公布《职业教育专业目录(2021 年)》，财经类专业许多都被冠名"大数据"。其中，"财务管理"更名为"大数据与财务管理"，"会计"更名为"大数据与会计"，新增"大数据与审计专业"。大数据逐步与多个财经类专业融合发展。北京电子科技职业学院经管学院本着"立足开发区、服务开发区"的原则，提炼本校财经类人才培养定位及特色。一方面，依托其他财经类高职院校(专业)所不具备的地缘优势，以"会计"专业更名为"大数据与会计"专业为契机，将财经人才培养瞄准经开区"两业融合"需求，围绕经开区四大特色主导产业，引入真实丰富的产业案例和脱敏的企业真实数据，培养主要面向先进制造业、面向全新的数字化财经的数智财经人才；另一方面，发挥学校具有汽车工程、生物工程、电子信息等制造业相关专业群资源的优势，在数智财经人才培养中融入大数据、人工智能等先进技术，校企合作，产教融合，全面创新传统财经类人才培养模式，提高复合型数智财经人才培养水平。

本教材是大数据与会计专业人才培养模式改革和"三教"改革的成果之一。它具有以下三个特点。

第一，理实结合，循序渐进。本书充分考虑财务会计类专业师生的知识结构，结合数据相关技术在财务中的具体应用，以实践性和操作性为原则，深入浅出介绍了数据库和 Python 相关内容，使非计算机专业的财务会计类师生也能快速了解和掌握数据库的基础知识和 Python 的基本操作，为今后进一步学习财务大数据分析课程打下良好基础。

第二，结构清晰，内容全面。本教材遵循认知规律，合理安排章节结构，系统性强。内容涵盖大数据和数据库的基本内容、Python 大数据分析工具、财务领域大数据特征与应用、企业不同业务流程的数据源、财务大数据的处理和应用等，充分满足财务人员对财务大数据的认知需求。

第三，校企合作，资源丰富。本教材由北京电子科技职业学院和北京久其软件股份有限公司合作编写，依托学院多年的教学经验和企业丰富的行业资源，配套有相应的课件、教案等资源，能够方便教师教学和学生学习。

本教材适合高职大数据与会计、大数据与财务管理、大数据与审计等专业，职业本科财税大数据应用和应用型本科院校财务会计类专业，以及财经商贸大类下其他相关专业的理实一体课或实训课使用，还可以作为企业财务工作人员参考用书。

在本教材的编写过程中，我们得到了北京电子科技职业学院经济管理学院相关领导和老师的大力支持，也得到了北京久其软件股份有限公司领导和专家的鼎力相助。此外，我们广泛参考了同仁的相关教材和资料。在此书成稿之际，我们一并致谢。

由于水平有限，书中不足之处在所难免，恳请广大读者和同仁不吝赐教。

编者

2024 年 4 月

目录 contents

第一章 大数据概述

【章节导读】

　　大数据是信息技术的一个重要领域，旨在处理和分析大规模的数据集。随着互联网的迅速发展及各种智能设备的普及，大量的数据被不断产生和积累。数据作为新型生产要素，是数字化、网络化、智能化的基础，已快速融入生产、分配、流通、消费和社会服务管理等各环节，深刻改变着生产方式、生活方式和社会治理方式。党中央、国务院高度重视大数据在推进经济社会发展中的地位和作用。2014 年，大数据首次被写入政府工作报告，大数据逐渐成为各级政府关注的热点。2015 年 9 月，国务院发布《促进大数据发展的行动纲要》，大数据正式上升至国家战略层面，党的十九大报告提出要推动大数据与实体经济的深度融合。在 2021 年发布的"十四五"规划中，大数据标准体系的完善成为发展重点。

　　大数据的特点包括数据量大、种类多、速度快、价值密度低等。了解这些特点对于理解大数据的意义和挑战至关重要。本章主要介绍了什么是大数据及大数据的发展历程、大数据的应用场景、应用常见技术和前景展望，通过本章节内容的讲解，希望能够激发读者对大数据的兴趣，并引导读者进一步深入了解大数据的相关知识和实践，为后续章节的学习奠定基础。

【知识框架】

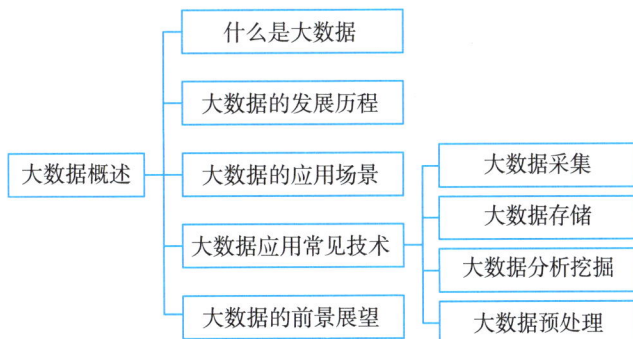

【章节目标】

　　知识目标：通过本章节的学习，了解什么是大数据、大数据的发展历程和应用场景，熟悉大数据应用常见技术，包括大数据采集、存储、分析挖掘、预处理等，以及拓展对大数据的前景展望。希望通过本章节的学习，能够为后续专业知识学习及工作需要奠定数据获取、数据处理的基础。

　　能力目标：理解大数据概念，掌握大数据采集、存储、分析挖掘、预处理等，将大数据融入学习和工作中，提高学生的技术工具应用能力、数据处理能力、数据分析能力、可视化能力、数据沟通能力、问题解决能力等。

　　素养目标：培养大数据思维，以及数字经济时代数据人才新的学习方式；学会从数据中提炼有价值的信息和洞见，提高数据驱动的决策能力、机器学习和人工智能能力、跨学科综合能力；提高对大数据的全面理解和应用能力，使其能够在各个领域中发挥重要作用，并为决策和问题解决提供有力支持。

第一节　什么是大数据

　　大数据的概念于2008年9月在《自然》"Big Data"的专题中出现。2009年后"大数据"逐渐成为互联网中的热词。2011年《科学》杂志也设立专栏对大数据的计算问题进行了讨论。最早应用"大数据"的是麦肯锡咨询公司(McKinsey & Company)，其在《海量数据、创新、竞争和提高生产率的下一个新领域》的研究报告中指出，数据逐渐成为重要的生产要素，不断渗入各个行业和业务职能领域。而人们对海量数据的挖掘和运用，意味着新一波的生产率增长和消费者盈余浪潮的到来。后续雅虎、谷歌等著名企业在实践中，通过积累的大量数据进行分析，提供更加人性化的服务，不断完善"大数据"的概念和内涵。根据维基百科，大数据又称为巨量资料，指无法在可承受的时间范围内通过常规的软件工具进行捕捉、管理的数据集合。

　　维克托·迈尔-舍恩伯格和肯尼斯·库克耶所著的《大数据时代》提出大数据的特点，即大数据的4V特点：数据量大(Volume)、输入和处理速度快(Velocity)、数据多样性(Variety)、低价值密度(Value)。

　　Volume：大数据的核心特点在于其存储和计算需要耗费海量的数据资源，即数据只要有足够的规模就能够被称为"大数据"。随着数据规模的扩大，从其内挖掘到的信息含量越具有规律性，数据分析的可靠性也越具有代表性。如美国宇航局为了进行气候分析，收集和处理的气候观测、模拟的数据就达到32PB[①]。

　　Velocity：数据增长速度快，要求实时分析与数据处理及丢弃，而非事后批处理。这是大数据区别于传统数据挖掘的地方。如大型强子对撞机实验设备中包含15亿个传感器，平均每秒需要处理4亿条实验数据。

　　Variety：数据种类和来源多样性，包括不同种类的数据，如文本、图像、音频、视频定位等，各种结构化、半结构化、非结构化数据，以及不连贯的语义或句意。据调查，企业数据中80%为非结构化数据。数据的多样性对数据处理能力提出了更高的要求。同时数据的多样性也涵盖了更多的行业，如数学、心理学、神经生理学与生物学的数据信息。

　　Value：海量信息中的价值密度相对较低，不同数据的"含金量"不同，在大数据中条分缕析、披沙拣金地进行分析预测，找到数据的意义和价值所在，才是"大数据"研究的根本意义及机器学习和人工智能努力的方向。单位数据的价值低，但聚合后的大数据却价值很高。

---

　　① **数据的基本单位从小到大依次为**：Byte、KB、MB、GB、TB、PB、EB、ZB、YB、DB、NB。其中，1PB＝1024TB＝1048576GB。

第二节　大数据的发展历程

大数据的历史最早可以追溯到 18 世纪 80 年代，美国统计学家赫尔曼·霍尔瑞为统计 1890 年的人口普查数据，发明了电动器来读取卡片上的洞数，该操作使得原本需耗时 8 年完成的人口普查活动在 1 年之内完成，进而开启了数据处理的新纪元。随后诸多学者和企业对数据分析展开了广泛的讨论。例如，1944 年弗莱蒙德·雷德出版《学者与研究型图书馆的未来》预见大数据时代的到来；1993 年第八届美国电气和电子工程师协会发表的《为外存模型可视化而应用控制程序请求页面调度》中使用了"大数据"这一术语；2007 年，图灵奖获得者吉姆·格雷在一次演讲中提出数据密集型科学发现(Data-Intensive Scientific Discovery)将成为科学研究的第四范式；2008 年 9 月，《自然》刊登了一个名为"Big Data"的专辑；2011 年 5 月，麦肯锡咨询公司发布的《大数据：创新、竞争和生产力的下一个前沿》中首次提出了"大数据"概念，认为数据已经成为经济社会发展的重要推动力。

2012 年 7 月日本推出"新 ICT 战略研究计划"，日本政府在新一轮 IT 振兴计划中把大数据发展作为国家层面战略提出。2013 年 3 月美国奥巴马政府宣布推出"大数据研究和发展计划"(Big Data Research and Development Initiative)，该计划涉及六个联邦政府部门，投资超 2 亿美元，研发收集、组织和分析大数据的工具及技术。

2012 年 3 月，我国科技部发布的《"十二五"国家科技计划信息技术领域 2013 年度备选项目征集指南》把大数据研究列在首位。中国分别举办了第一届(2011 年)和第二届(2012 年)"大数据世界论坛"。《IT 时代周刊》等举办了"大数据 2012 论坛"，中国计算机学会举办了"CNCC2012 大数据论坛"。科技部 863 计划信息技术领域 2015 年备选项目包括超级计算机、大数据、云计算、信息安全、第五代移动通信系统(5G)等。2015 年 8 月国务院正式印发《促进大数据发展行动纲要》。

国内外传统 IT 公司(IBM、微软、Oracle、联想等)通过"硬件＋软件＋数据"整合平台，向用户提供大数据完备的基础设施和服务，实现"处理—存储—网络设备—软件—应用"，即"大数据一体机"。在大数据时代，这些厂商在原有结构化数据处理的同时，加大在可扩展计算、内存计算、库内分析、实时流处理和非结构化数据处理等方面的投入，通过并购大数据分析企业，迅速增强大数据分析实力和扩展市场份额。

国内外互联网企业(亚马逊、谷歌、Facebook、阿里巴巴、百度、腾讯等)基于开源大数据框架进行自身应用平台的定制和开发，基于自身应用平台、庞大的用户群、海量用户信息及互联网处理平台，提供精确营销、个性化推介等商务活动，并开始对外提供大数据平台服务。

通过每个阶段的发展，可以发现大数据逐渐从一个"点"变成一个"庞然大物"，将国家、企业、民众之间紧紧连接。它的发展不断推动着技术的变革，可以说大数据的发展并不是一个理念的发展，它是一整个配套系统和配套技术的发展。大数据将会引发生活、工作和思维的革命。《华尔街日报》也将大数据称为引领未来繁荣的三大技术之一。因此，大数据的发展利用是国家布局未来新的增长点的关键举措。

第三节　大数据的应用场景

大数据无处不在，应用于金融、汽车、餐饮、电信、能源、体育和娱乐等社会各行各业中，下面主要选取经常接触的场景进行介绍。

一、制造业

利用工业大数据提升制造业水平，包括产品故障诊断与预测、分析工艺流程、改进生产工艺、优化生产过程能耗、工业供应链分析与优化、生产计划与排程，如云计算技术被广泛应用于制造企业供应链信息化建设，借此来不断推动企业进行创新和管理改进，进而降低运营成本、缩短产品研发周期。最终实现制造企业信息化、智能化、自动化和生态化，拉动全新制造企业的发展。

二、金融行业

大数据在高频交易、社交情绪分析和信贷风险分析三大金融创新领域发挥重大作用，并且已经在银行、证券、保险等细分领域广泛应用。国内不少银行已经开始通过大数据驱动业务运营，例如，中国银行信用卡使用大数据技术实现实时营销，光大银行建立社交网络信息数据库，招商银行利用大数据发展小微贷款。

三、互联网行业

目前互联网行业是与大数据紧密结合的行业之一，也是公众生活最常接触的一个行业。互联网行业借助于大数据技术，分析客户行为，进行商品推荐和针对性广告投放，实现精准营销。

四、物流行业

通过对物流数据的跟踪和分析，物流大数据应用可以根据情况为物流企业作出智能化的决策和建议。利用大数据技术优化配送路线、合理选择物流中心地址、优化仓库储位，从而大大降低物流成本，提高物流效率。通过对客户数据的挖掘和分析并合理地运用，物流企业可以为客户提供最好的服务，提供物流业务运作过程中商品配送的所有信息，增加客户的信赖，培养客户的黏性，避免客户流失。

五、城市管理

可以利用大数据实现智能交通、环保监测、城市规划和智能安防。利用大数据技术进行车辆监控、车辆调度，通过对流量进行分析从而对相应的公交线路进行合理规划，通过分析预测车辆拥堵的时间，制定缓解交通拥挤的方案。可以通过一卡通进行全国联网，实现行为轨迹数据的连通。

六、个人生活

大数据还可以应用于个人生活，利用与每个人相关联的"个人大数据"，即通过分析用户的浏览行为记录，判断用户的兴趣爱好，推荐符合用户爱好的内容，实现智能、精准推荐。例如，在大数据下，网购用户可以较快速地获取自己感兴趣的内容，节省购物时间，提高购物效率。

大数据可进行数据的深度挖掘，实现价值重塑，如客户画像应用。个人客户画像包括人口统计学特征、消费能力数据、兴趣数据、风险偏好等；企业客户画像包括企业的生产、流通、运营、财务、销售和客户、相关产业链上下游等数据。通过对数据拆分分析后，从中挖掘出公司的价值增长点，实现"数据价值"。

第四节　大数据应用常见技术

按大数据的生命周期将其划分为四个模块，即大数据采集、大数据预处理、大数据存储、大数据分析，针对每个模块都有相应的技术，四大模块的技术共同组成了大数据中最核心的技术。

一、大数据采集

大数据采集是指对各种不同来源的结构化和非结构化的海量数据进行采集。大数据采集技术就是对数据进行 ETL(extract transform load)操作，即从数据来源端经过抽取(extract)、转换(transform)、加载(load)到目的端，然后经过处理分析，最终挖掘数据潜在价值，提供给用户解决方案或决策参考。

现实生活中，由于数据产生的种类很多，不同种类的数据产生的方式不同，主要分为以下三种不同系统。

(一)数据库采集系统

一些企业使用传统的关系型数据库 MySQL 和 Oracle 等来存储数据。除此以外，Redis 和 MongoDB 这样的 NoSQL 数据库也常用于数据的采集。数据库将企业每日产生的业务数据，以数据库一行记录形式写入数据库中。通过数据库采集系统直接与企业的业务后台数据库结合，保存企业每日的业务信息数据，再通过特定的处理分析系统进行系统分析。

(二)网络数据采集系统

借助网络爬虫或网站公开应用程序接口(Application Program Interface，API)，如 Twitter 和新浪微博 API 等方式从网站上获取数据。从网页获取非结构化或半结构化数据，并将其统一结构化为本地数据的数据采集方式。目前常用的网页爬虫系统有 Apache Nutch、Crawler4j、Scrapy 等框架。其中 Apache Nutch 是一个高度可扩展和可伸缩的分布式爬虫框架。Crawler4j、Scrapy 都是爬虫框架，提供给开发人员便利的爬虫 API 接口。

(三)系统日志采集系统

许多公司的业务平台每日会产生很多的日志数据，而这些日志数据也可以得到有价值的信息。通过对日志数据进行采集、挖掘和分析，获取有用的潜在价值。系统日志采集系统就是收集日志数据并提供在线或离线的实时分析的系统。目前常用的开源日志收集系统有 Flume、Scribe 等。

二、大数据存储

大数据存储是指用存储器，以数据库的形式存储采集到的数据的过程，包含三种典型路线：基于 MPP 架构的新型数据库集群；基于 Hadoop 的技术扩展和封装；大数据一体机。

基于 MPP 架构的新型数据库集群是采用 Shared Nothing 架构，结合 MPP 架构的高效分布式计算模式，通过列存储、粗粒度索引等多项大数据处理技术，重点面向行业大数据所展开的数据存储方式，具有低成本、高性能、高扩展性等特点，在企业分析类应用领域有着广泛的应用。

基于 Hadoop 的技术扩展和封装是针对传统关系型数据库难以处理的数据和场景(针对非结构化数据的存储和计算等)，利用 Hadoop 开源优势及相关特性(善于处理非结构、半结构化数据，复杂的 ETL 流程，复杂的数据挖掘和计算模型等)，衍生出相关大数据技术。随着技术的发展，其应用场景也将逐步扩大，现在较为典型的应用场景是通过扩展和封装 Hadoop 实现对互联网大数据存储、分析的支撑。

　　大数据一体机是一种专为大数据的分析处理而设计的软、硬件结合的产品。它由一组集成的服务器、存储设备、操作系统、数据库管理系统，以及为数据查询、处理、分析而预安装和优化的软件组成，具有良好的稳定性和纵向扩展性。

三、大数据分析挖掘

　　大数据分析挖掘是通过可视化分析、数据挖掘算法、预测性分析、语义引擎、数据质量管理等一系列分析方法，对杂乱无章的数据，进行萃取、提炼和分析的过程。

　　可视化分析是指借助图形化手段，清晰并有效传达信息的分析方法。主要应用于海量数据关联分析，即借助可视化数据分析平台，对分散异构数据进行关联分析，并作出完整分析图表的过程。具有简单明了、清晰直观、易于接受的特点。

　　数据挖掘算法是通过创建数据挖掘模型，进而对数据进行试验计算的数据分析手段。数据挖掘算法多种多样，并且不同算法因基于不同的数据类型和格式，会呈现出不同的数据特点。但一般来讲，创建模型的过程是相似的，即首先分析用户提供的数据，然后针对特定类型的模式和趋势进行查找，并用分析结果定义创建挖掘模型的最佳参数，并将这些参数应用于整个数据集，以提取可行模式和详细统计信息。

　　预测性分析是大数据分析最重要的应用领域之一，通过结合多种高级分析功能(特别统计分析、预测建模、数据挖掘、文本分析、实体分析、优化、实时评分、机器学习等)，达到预测不确定事件的目的。帮助用户分析结构化和非结构化数据中的趋势、模式和关系，并运用这些指标来预测将来事件，为采取措施提供依据。

　　语义引擎是指通过为已有数据添加语义的操作，提高用户互联网搜索体验。

　　数据质量管理是指对数据全生命周期的每个阶段(计划、获取、存储、共享、维护、应用、消亡等)中可能引发的各类数据质量问题，进行识别、度量、监控、预警等操作，以提高数据质量的一系列管理活动。

　　以上是从大的方面来讲，具体来说大数据的框架技术有很多，下面列举其中一些。

　　文件存储：Hadoop HDFS、Tachyon、KFS。

　　离线计算：Hadoop MapReduce、Spark。

　　流式、实时计算：Storm、Spark Streaming、S4、Heron。

　　K-V、NoSQL 数据库：HBase、Redis、MongoDB。

　　资源管理：YARN、Mesos。

　　日志收集：Flume、Scribe、Logstash、Kibana。

　　消息系统：Kafka、StormMQ、ZeroMQ、RabbitMQ。

　　查询分析：Hive、Impala、Pig、Presto、Phoenix、SparkSQL、Drill。

　　分布式协调服务：Zookeeper。

　　集群管理与监控：Ambari、Ganglia、Nagios、Cloudera Manager。

　　数据挖掘、机器学习：Mahout、Spark MLLib。

　　数据同步：Sqoop。

　　任务调度：Oozie。

四、大数据预处理

大数据预处理指的是在进行数据分析之前，对采集到的原始数据所进行的清洗、填补、平滑、合并、规格化、一致性检验等一系列操作，旨在提高数据质量，为后期分析工作奠定基础。数据预处理主要包括数据清理、数据集成、数据转换、数据规约四个部分。

数据清理是通过填补缺失值、光滑噪声数据(数据中存在着错误或偏离期望值的数据)、平滑或删除离群点、纠正不一致数据来达到数据清理的目的。缺失值处理主要包括删除变量、统计量填充、插值法填充(包括随机插值、多重插补法、热平台插补、拉格朗日插值、牛顿插值等)、模型填充(使用回归、贝叶斯、随机森林、决策树等)、哑变量(虚拟变量)填充等方法。噪声处理方法包括分箱法和回归法。离群点数据检测方法有简单统计分析、基于绝对离差中位数、基于距离、基于密度和基于聚类。

数据集成是指将不同数据源中的数据，合并存放到统一数据库的存储方法，着重解决模式匹配、数据冗余、数据值的冲突检测和处理三个问题。其中模式匹配的解决方式是通过数据库或数据仓库中的元数据。冗余问题是指当一个属性能通过另一个或另一组属性导出，则该属性冗余。常用的冗余相关分析方法有皮尔逊积距系数、卡方检验、数值属性的协方差等。数据值的冲突检测和处理指不同数据源在统一合并时，保持规范化、去重。

数据转换是指对所抽取出来的数据中存在的不一致进行处理的过程。它同时包含了数据清洗的工作，即根据业务规则对异常数据进行清洗，以保证后续分析结果准确性，主要方法有规范化处理、离散化处理、稀疏化处理。其中规范化处理是指数据中心由于量纲不同导致数据的差异，通过对数据进行缩放，使之处在一定的区间中。离散化处理指将连续的数据进行分段，使其变为一段段离散化的区间。稀疏化处理针对离散型且标称变量，当无法进行有序的 LabelEncoder 时，通常将变量作 0、1 哑变量的处理。

数据规约是指在最大限度保持数据原貌的基础上，最大限度精简数据量，以得到较小数据集的操作，常见的方法有维度规约、维度变换、数值规约等。其中维度规约是通过删除不相关的属性，来减少数据量，并保证信息的损失最小。维度变换是将现有数据降低到最低的维度，通常使用主成分分析、因子分析、奇异值分解、聚类、线性组合等。数值规约是通过选择替代的数据表示形成来减少数据量，即用较小的数据表示替代或估计数据。

第五节　大数据的前景展望

大数据是信息技术发展的必然产物，更是信息化进程的新阶段，其发展推动数字经济的形成与繁荣。2020 年以后大数据技术快速发展，大数据技术、产品和解决方案等被应用于更多的产业和领域中。而随着各行业领域大数据应用主体的持续增加、应用需求大量激发，传统的技术路线不再适应于现在庞大、多元、复杂的融合诉求。而那些与业务特点相匹配的个性化、定制化大数据解决方案日益受到青睐。

大数据作为近年来备受关注的一门技术，其战略意义不仅仅在于掌握庞大的数据信息，而在于将这庞大的数据专业化。如果把大数据比作一种产业，那么这个产业的价值在于"加工能力"，通过"加工"实现数据的"增值"，可以通过数据分析进行用户分析，提供精准营销；中小微企业可以利用大数据进行服务转型；传统企业则需要在大数据浪潮中实现企业转型，进而适应时代的发展。

大数据未来的发展趋势主要体现在下面四个方面。①数据资源化。谁占据数据，谁就将占据至高位，数据成为社会和各个企业关注的重要战略资源，成为大家关注的新焦点。②与云计算深度融合。大数据的处理离不开云计算，云计算为大数据的处理提供了弹性可拓展的基础设备，预计未来两者的关系将会越来越密切。③科学理论的突破。随着大数据战略地位的日益上升，大数据很可能成为新的技术革命，而与之配套的机器学习、数据挖掘和人工智能等技术将会实现新的突破。④数据管理成为企业核心竞争力，直接影响财务表现。数据资产管理效率与主营业务收入增长率、销售收入增长率显著正相关。

随着信息技术和人类生产生活交汇融合，全球数据呈现爆发增长、海量集聚的特点。无论是国家、企业还是社会公众，都越来越认识到数据的价值。大数据作为时代的产物，未来将会逐渐覆盖全行业，无论是政府政务，还是各行各业，都会应用大数据。正是因为未来大数据的地位不断上升，对大数据人才的需求也在不断增加。总的来说主要有数据分析型大数据人才、系统研发类大数据人才、应用开发类大数据人才三个方面人才的需求。根据中国商业联合会数据分析专业委员会统计，未来中国基础性数据分析人才缺口将达到 1400 万人，而在 BAT 企业招聘的职位中，60％以上都在招大数据人才，因此掌握大数据相关技术，对未来的发展来说至关重要。

拓展学习

大数据的结构

大数据包括结构化、半结构化和非结构化数据，非结构化数据越来越成为数据的主要部分。IDC 的调查报告显示：企业中 80％的数据都是非结构化数据，这些数据每年都按 60％指数增长。大数据是互联网发展到现今阶段的一种表象或特征，在以云计算为代表的技术创新大幕的衬托下，这些原本看起来很难收集和使用的数据开始容易被利用起来。通过各行各业的不断创新，大数据会逐步为人类创造更多的价值。

第二章　SQL 基础

【章节导读】

在当今信息化时代，数据已经成为企业和政府决策的重要依据之一。大数据已成为国家战略的重要组成部分，国家正在积极推进数据资源的整合和共享，加强数据治理和应用，以推动经济社会发展。结构化查询语言(Structured Query Language，SQL)作为一种管理和分析数据的重要工具，在这一背景下显得尤为重要。政府部门、企业机构和社会组织都需要通过数据分析来深入了解各项工作的情况，为决策提供科学依据。

如在政府部门，SQL 技能的应用可以帮助政府机构更好地管理和利用各类数据资源，实现政务信息共享和服务智能化。政府数据的整合和分析能够为政府部门提供更准确的政策建议和决策支持，促进政府治理体系和治理能力现代化。

在企业领域，SQL 技能可以帮助企业实现数据驱动决策，优化产品和服务，提高市场竞争力。通过 SQL 对企业数据进行分析，可以深入了解市场需求、用户行为和竞争对手情况，为企业制定营销策略、产品改进和业务拓展提供有力支持。

因此，掌握应用 SQL 对于个人职业发展和社会发展都具有重要意义。本章主要介绍 SQL 含义、SQL 特征、SQL 查询与应用、数据库、表、列行和数据类型等基础知识，使学生掌握 SQL 基础进行数据查询，为后续财务大数据分析和建模等知识的学习奠定基础。

【知识框架】

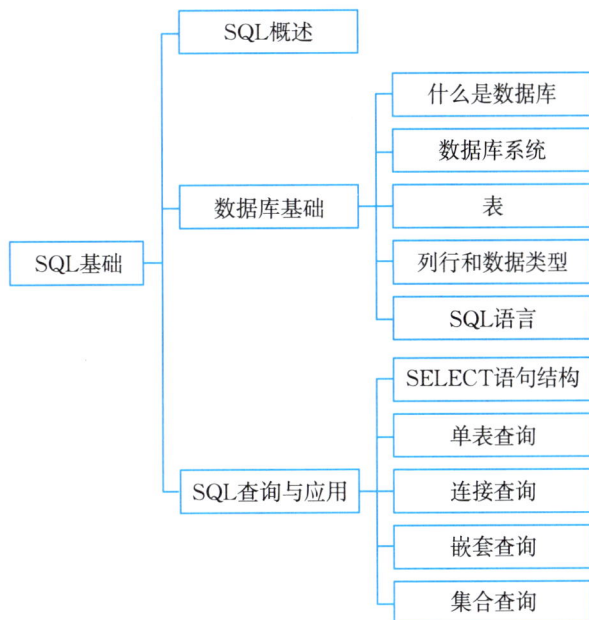

【章节目标】

知识目标：掌握 SQL 语言的基本语法、数据类型、表的创建与操作等基础知识；掌握编写 SELECT 语句进行数据查询、单表查询、连接查询、嵌套查询及集合查询等；了解 SQL 语句用于数据库管理的各种操作，如插入、更新、删除等；学习数据库设计的基本原理，包括范式、关系型数据库设计规范等。

能力目标：能够根据需求编写 SQL 查询语句，从数据库中获取所需数据；能够使用 SQL 语句对数据库进行管理，包括创建表、插入数据、更新数据、删除数据等操作；能够根据需求设计简单的数据库结构，包括表的设计和关系的建立；能够利用 SQL 语言解决基本的数据处理和分析问题，如统计、筛选、汇总等。

素养目标：培养对数据的重视和理解能力，认识到数据在信息化时代的重要性；通过学习 SQL 基础知识，培养解决实际问题的能力，包括数据处理问题和数据库管理问题；通过数据库管理实践，培养团队协作意识和能力，理解数据库在团队协作中的作用；了解数据库安全的重要性，培养对数据安全和隐私保护的意识，学会合理使用和管理数据。

第一节　SQL 概述

SQL 是关系数据库的标准语言。数据库管理系统可以通过 SQL 管理数据库。SQL 是具有数据定义、数据操纵等多种功能的数据库语言，该语言有交互性特点，能为用户提供极大的便利。

在大数据时代中，数据库系统的数据类型与规模在不断扩大，这给数据库管理带来了一定的挑战。在社会生产生活中，随着数据库的应用范围逐步增大，提升数据库开发及应用的效率成为保障我国社会生产生活高效运转的关键。

SQL 作为一种操作命令集，以其丰富的功能受到业内人士的广泛欢迎，成为提升数据库操作效率的保障。SQL Server 数据库的应用，能够有效提升数据请求与返回的速度，有效应对复杂任务的处理，提升工作效率。

SQL Server 数据库管理系统具有较高的数据管理性能，性能优越，应用范围非常广，大量应用于服务器和客户体系结构中。SQL Server 数据库的性质主要体现为系统的吞吐量、响应时间及并行处理能力、发出请求服务器回应的速度、不同屏幕之间切换的速度等。

一、SQL 语言特点

SQL 语言特点主要包括：①功能一体化，几乎涵盖了对数据库的所有操作；②高度的非过程化，只需说明"做什么"，无须说明"怎么做"；③面向集合的操作方式；④多种使用方式，SQL 语句既是自含式语言，又是嵌入式语言；⑤简洁、易学。

二、SQL 数据库操作

SQL 所有对数据库的操作，主要由五个部分组成：①数据定义，定义数据库的逻辑结构，包括定义数据库、基本表、视图和索引；②数据操纵，包括插入、删除和更新三种操作；③数据查询；④数据控制，对用户访问数据的控制有基本表和视图的授权及回收。⑤事务控制，事务的提交与回滚。

考虑到财务人员真实应用场景，本章节只涉及数据查询与应用。

第二节　数据库基础

一、什么是数据库

数据库(database，DB)是按照数据结构来组织、存储和管理数据的仓库。随着信息技术和市场的发展，特别是20世纪90年代以后，数据管理不再仅仅是存储和管理数据，而转变成用户所需要的各种数据管理的方式。

数据库是一个长期存储在计算机内的、有组织的、有共享的、统一管理的数据集合。数据库有很多种类型，包括最简单的存储有各种数据的表格到能够进行海量数据存储的大型数据库系统，所以它也是一个按数据结构来存储和管理数据的计算机软件系统。也就是说，数据库包含有两种含义：保管数据的"仓库"；管理数据的方法和技术。

数据库的发展大致可以分为人工管理阶段、文件系统阶段、数据库系统阶段、高级数据库阶段四个阶段。根据数据结构的联系和组织，数据库大致可以分为层次式数据库、网络式数据库和关系型数据库。

不管是哪种类型的数据库都有的共同属性包括：采用特定的数据类型；增加数据共享、减少数据冗余；具有较高的数据独立性；具有统一的数据控制功能。

数据库系统包括三个主要组成部分：①数据库，提供一个存储空间用于存储数据，就像一个仓库一样，可以存储很多种不同的文件。②数据库管理系统(database management system，DBMS)，是用于创建、管理和维护数据库时所使用的软件，介于用户和操作系统之间，对数据库进行管理。DBMS能定义数据存储结构，提供数据的操作机制，维护数据库的安全性、完整性和可靠性。③数据库应用程序(database application)，相对于DBMS，数据库应用程序可以帮助用户实现对数据库操作的更高要求，可以让管理过程更加直观和友好(见图2-1)。

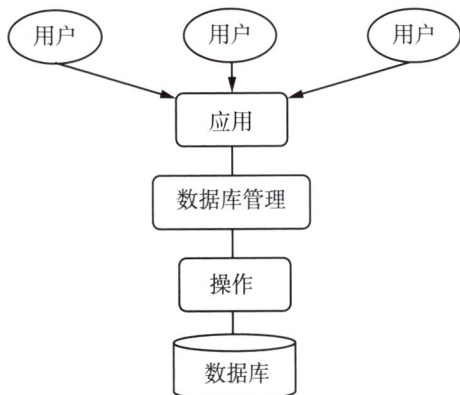

图 2-1　数据库系统

二、数据库系统

数据库系统的个体含义是指一个具体的数据库管理系统软件和用它建立起来的数据库。数据库系统的学科含义是指研究、开发、建立、维护和应用数据库系统所涉及的理论、方法、技术所构成的学科。在这一含义下，数据库系统是软件研究领域的一个重要分支，常被称为数据库领域。

数据库系统是为适应数据处理的需要而发展起来的一种较为理想的数据处理的核心机构。计算机的高速处理能力和大容量存储器为实现数据管理自动化提供了条件。

数据库系统一般由四部分组成：①数据库，即存储在磁带、磁盘、光盘或其他外存介质上，按一定结构组织在一起的相关数据的集合；②数据库管理系统，是一组能完成描述、管理、维护数据库的程序系统，它按照一种公用的和可控制的方法完成插入新数据、修改和检索原有数据的操作；③数据库管理员；④用户和应用程序。

三、表

（一）表（table）

表是指某种特定类型数据的结构化清单。这里的关键点在于，存储在表中的数据是同一种类型的数据或清单。例如，绝不应该将公司信息的清单与资产负债的清单存储在同一个数据库表中，否则以后的检索和访问会很困难。

数据库中的每个表都有一个名字来标识自己。这个名字是唯一的，即数据库中没有其他表具有相同的名字。

（二）表名

使表名成为唯一的，实际上是数据库名和表名的组合。有的数据库还使用数据库拥有者的名字作为唯一名的一部分。也就是说，虽然在相同数据库中不能两次使用相同的表名，但在不同的数据库中完全可以使用相同的表名。

表具有一些特性，这些特性定义了数据在表中如何存储，包含存储什么样的数据，以及数据如何分解和各部分信息如何命名等信息。描述表的这组信息就是模式（schema）。模式可以用来描述数据库中特定的表，也可以用来描述整个数据库（和其中表的关系）。

表的布局及特性在关系型数据库中起着至关重要的作用，它们决定了数据的组织结构、存储方式及访问方式。以下是 SQL 表的布局及特性的一些信息。

1. 表的设计

列（columns）：表中的每列代表一种数据类型，如姓名、年龄、地址等。每列都有自己的数据类型和约束。

行（rows）：表中的每行代表一个具体的数据记录，也称为元组（tuple）。

主键（primary key）：一列或一组列，用于唯一标识表中的每行数据。主键必须具有唯一性和非空性，通常用于索引和保证数据完整性。

外键（foreign key）：表中的一列，用于建立与其他表的关联关系，保证数据的一致性和完整性。外键与其他表的主键或唯一键相关联。

2. 表的特性

索引（index）：用于加快数据检索速度的数据结构。可以在表的列上创建索引以提高查询性能，常用于经常被查询的列或用于连接的列。

约束(constraints)：用于强制表中数据的完整性和一致性的规则。常见的约束包括主键约束(primary key)、唯一约束(unique)、外键约束(foreign key)、检查约束(check)等。

默认值(default value)：用于指定在插入新记录时，如果未提供值，则使用默认值。

自增(auto-increment)：对于主键或其他需要自动生成唯一值的列，可以设置自增属性，每次插入新记录时自动增加值。

3. 范式(normalization)

数据库设计中的范式是一种规范化的技术，旨在减少数据冗余、提高数据一致性和避免更新异常。常见的范式包括第一范式(1NF)、第二范式(2NF)、第三范式(3NF)等。

4. 数据完整性和安全性

数据完整性约束确保数据的准确性和一致性，包括主键约束、唯一约束、外键约束等。

安全性控制包括对数据的访问权限控制、数据加密、审计等措施，以保护数据的机密性和完整性。

表的布局及特性设计需要综合考虑数据的结构、性能需求、完整性和安全性等要求，以确保数据的有效管理和高效利用。

四、列行和数据类型

表由列组成。列存储表中某部分的信息。

(一)列

列是表中的一个字段。所有表都是由一个或多个列组成的。

理解列的最好办法是将数据库表想象为一个网格，就像个电子表格那样。网格中每列存储着某种特定的信息。例如，在顾客表中，一列存储顾客编号，另一列存储顾客姓名，而地址、城市、省份及邮政编码全都存储在各自的列中。

正确地将数据分解为多个列极为重要。如城市、省份、邮政编码应该总是彼此独立的列。分解这些数据，才有可能利用特定的列对数据进行分类和过滤(如找出特定省份或特定城市的所有顾客)。如果城市和省份组合在一个列中，则按省份进行分类或过滤就会很困难。

实际应用中可以根据具体需求来决定把数据分解到何种程度。例如，可以把门牌号和街道名一起存储在地址里，但如果想用街道名来排序，最好将门牌号和街道名分开存储。

数据库中每列都有相应的数据类型。数据类型(datatype)定义了列可以存储哪些数据种类。例如，如果列中存储的是数字(或许是资产负债中的资产数)，则相应的数据类型应该为数值类型。如果列中存储的是日期、文本、注释、金额等，则应该规定好恰当的数据类型。

(二)行

行是表中的一个记录。

用户在提到行时有时会称其为数据库记录(record)，行和记录这两个术语多半是可以交替使用的，但从技术上说，行才是正确的术语。

(三)数据类型

数据类型是指所允许的数据的类型。每个表列都有相应的数据类型，它限制(或允许)该列中存储的数据。

数据类型限定了可存储在列中的数据种类(如防止在数值字段中录入字符值)。数据类型还能帮助人们正确地给数据进行分类，并在优化磁盘使用方面起重要的作用。因此，在创建表时必须特别关注所用的数据类型。

【注意】数据类型兼容

多样化的数据类型及不同的名称是 SQL 不兼容的一个主要原因。虽然大多数基本数据类型得到了一致的支持，但许多高级的数据类型却没有。偶然会有相同的数据类型在不同的 DBMS 中具有不同的名称，对此用户毫无办法，重要的是在创建表结构时要记住这些差异。

五、SQL 语言

SQL 语言包含以下四个部分。

数据定义语言(DDL)：DROP、CREATE、ALTER 等语句。

数据操作语言(DML)：INSERT、UPDATE、DELETE 语句。

数据查询语言(DQL)：SELECT 语句。

数据控制语言(DCL)：GRANT、REVOKE、COMMIT、ROLLBACK 等语句。

第三节 SQL 查询与应用

一、SELECT 语句结构

SELECT 语句的基本格式如下。

```
SELECT[ALL|DISTINCT] <目标列表达式>[,<目标列表达式>]…
FROM <表名或视图名>[,<表名或视图名>]…
[WHERE <条件表达式>]                    ——WHERE 子句,指定查询条件
[GROUP BY <列名1>]                       ——GROUP BY 子句,指定分组表达式
[HAVING <条件表达式>]                    ——HAVING 子句,指定分组过滤条件
[ORDER BY <列名2>[ASC|DESC]]           ——ORDER 子句,指定排序表达式和顺序
```

SELECT 语句也称为"SELECT 查询块"，其中"SELECT … FROM … WHERE …"构成基本的 SELECT 查询块，其含义：根据 WHERE 子句条件表达式，从 FROM 子句指定基本表或视图中找出满足<条件表达式>所表示的条件元组，再按 SELECT 子句中的目标列表达式，选出元组中的分量形成结果表。例如，对 enterprise 表的查询语句如下。

```
SELECT 公司编号,公司名称,注册资金
    FROM enterprise
    WHERE 公司行业 ='制造业';
```

该查询语句表达的语义为：查找所在行业为制造业的公司编号、公司名称和注册资金。

SELECT 语句结构中各子句的作用如下。

SELECT 子句：指出输出的分量。

FROM 子句：指出数据来源于哪些表或视图。

WHERE 子句：指出对元组的过滤条件。

GROUP BY 子句：将查询结果集按指定列分组。

HAVING 子句：指定分组的过滤条件。

ORDER BY 子句：将查询结果集按指定列排序。

在 SELECT 子句中，＜目标列表达式＞的定义格式如下。

*	——选择当前表或视图的所有列
|＜表名＞. *|＜视图名＞. *|＜表的别名＞. *	——选择当前表或视图的所有列
|列名[AS ＜列别名＞]	——选择指定的列
|＜表达式＞	——选择表达式

其中，＜表的别名＞和＜列别名＞是表或列的临时替代名称。如“SELECT a. * ”，公司编号 FROM enterprise a，其中 a 是 enterprise 的别名。

下面以企业信息表 enterprise(见图 2-2)、资产负债表 balance_sheet(见图 2-3)、利润表 profit_statement(见图 2-4)为例说明 SELECT 语句的各种使用方法。

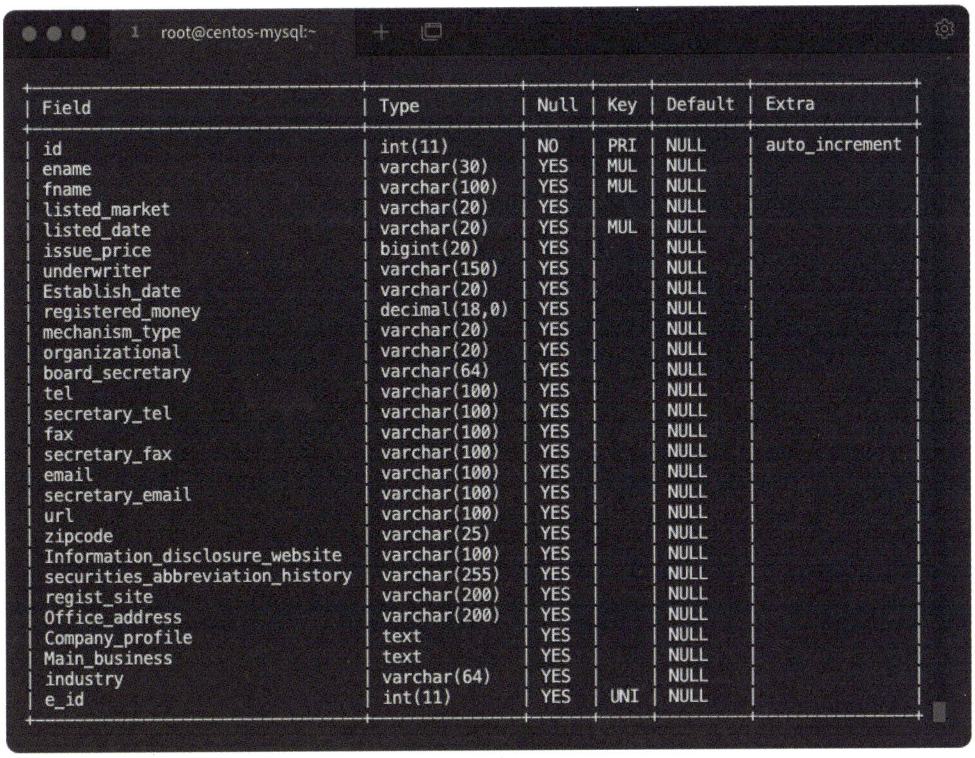

Field	Type	Null	Key	Default	Extra
id	int(11)	NO	PRI	NULL	auto_increment
ename	varchar(30)	YES	MUL	NULL	
fname	varchar(100)	YES	MUL	NULL	
listed_market	varchar(20)	YES		NULL	
listed_date	varchar(20)	YES	MUL	NULL	
issue_price	bigint(20)	YES		NULL	
underwriter	varchar(150)	YES		NULL	
Establish_date	varchar(20)	YES		NULL	
registered_money	decimal(18,0)	YES		NULL	
mechanism_type	varchar(20)	YES		NULL	
organizational	varchar(20)	YES		NULL	
board_secretary	varchar(64)	YES		NULL	
tel	varchar(100)	YES		NULL	
secretary_tel	varchar(100)	YES		NULL	
fax	varchar(100)	YES		NULL	
secretary_fax	varchar(100)	YES		NULL	
email	varchar(100)	YES		NULL	
secretary_email	varchar(100)	YES		NULL	
url	varchar(100)	YES		NULL	
zipcode	varchar(25)	YES		NULL	
Information_disclosure_website	varchar(100)	YES		NULL	
securities_abbreviation_history	varchar(255)	YES		NULL	
regist_site	varchar(200)	YES		NULL	
Office_address	varchar(200)	YES		NULL	
Company_profile	text	YES		NULL	
Main_business	text	YES		NULL	
industry	varchar(64)	YES		NULL	
e_id	int(11)	YES	UNI	NULL	

图 2-2　企业信息表 enterprise

```
| Field                                          | Type         | Null | Key | Default | Extra          |
| id                                             | int(11)      | NO   | UNI | NULL    | auto_increment |
| enterpriseID                                   | varchar(20)  | NO   | PRI | NULL    |                |
| report_date                                    | varchar(20)  | NO   | PRI | NULL    |                |
| liquid_assets                                  | decimal(11,2)| YES  |     | NULL    |                |
| monetary_capital                               | decimal(11,2)| YES  |     | NULL    |                |
| trading_financial_assets                       | decimal(11,2)| YES  |     | NULL    |                |
| derivative_financial_assets                    | decimal(11,2)| YES  |     | NULL    |                |
| Notes_receivable_and_accounts_receivable       | decimal(11,2)| YES  |     | NULL    |                |
| bill_receivable                                | decimal(11,2)| YES  |     | NULL    |                |
| accounts_receivable                            | decimal(11,2)| YES  |     | NULL    |                |
| Receivables_financing                          | decimal(11,2)| YES  |     | NULL    |                |
| advance_payment                                | decimal(11,2)| YES  |     | NULL    |                |
| Other_Receivables_total                        | decimal(11,2)| YES  |     | NULL    |                |
| interest_receivable                            | decimal(11,2)| YES  |     | NULL    |                |
| dividends_receivable                           | decimal(11,2)| YES  |     | NULL    |                |
| other_receivables                              | decimal(11,2)| YES  |     | NULL    |                |
| redemptory_monetary_capital_for_sale           | decimal(11,2)| YES  |     | NULL    |                |
| survive                                        | decimal(11,2)| YES  |     | NULL    |                |
| Assets_classified_as_held_for_sale             | decimal(11,2)| YES  |     | NULL    |                |
| Non_current_assets_that_mature_within_one_year | decimal(11,2)| YES  |     | NULL    |                |
| unamortized_expense                            | decimal(11,2)| YES  |     | NULL    |                |
| Profit_and_loss_on_pending_current_assets      | decimal(11,2)| YES  |     | NULL    |                |
| other_current_assets                           | decimal(11,2)| YES  |     | NULL    |                |
| total_current_assets                           | decimal(11,2)| YES  |     | NULL    |                |
| illiquid_assets                                | decimal(11,2)| YES  |     | NULL    |                |
| Disburse_loans_and_advances                    | decimal(16,2)| YES  |     | NULL    |                |
| Available_for_sale_financial_assets            | decimal(11,2)| YES  |     | NULL    |                |
| Hold_maturing_investment                       | decimal(11,2)| YES  |     | NULL    |                |
| long_term_receivables                          | decimal(11,2)| YES  |     | NULL    |                |
| long_term_equity_investment                    | decimal(11,2)| YES  |     | NULL    |                |
| investment_property                            | decimal(11,2)| YES  |     | NULL    |                |
| Construction_in_Progress_total                 | decimal(11,2)| YES  |     | NULL    |                |
| construction_in_progress                       | decimal(11,2)| YES  |     | NULL    |                |
| engineering_material                           | decimal(11,2)| YES  |     | NULL    |                |
| Fixed_Assets_and_Liquidation                   | decimal(11,2)| YES  |     | NULL    |                |
| net_fixed_assets                               | decimal(11,2)| YES  |     | NULL    |                |
| disposal_of_fixed_assets                       | decimal(11,2)| YES  |     | NULL    |                |
| productive_biological_asset                    | decimal(11,2)| YES  |     | NULL    |                |
| non_profit_living_assets                       | decimal(11,2)| YES  |     | NULL    |                |
| oil_and_gas_assets                             | decimal(11,2)| YES  |     | NULL    |                |
| Right_assets                                   | decimal(11,2)| YES  |     | NULL    |                |
| intangible_assets                              | decimal(11,2)| YES  |     | NULL    |                |
| development_expenditure                        | decimal(11,2)| YES  |     | NULL    |                |
| business_reputation                            | decimal(11,2)| YES  |     | NULL    |                |
| long_term_unamortized_expenses                 | decimal(11,2)| YES  |     | NULL    |                |
| deferred_tax_assets                            | decimal(11,2)| YES  |     | NULL    |                |
| Other_non_current_assets                       | decimal(11,2)| YES  |     | NULL    |                |
| Non_current_assets_t                           | decimal(11,2)| YES  |     | NULL    |                |
| total_assets                                   | decimal(18,2)| YES  |     | NULL    |                |
| current_liabilities                            | decimal(11,2)| YES  |     | NULL    |                |
| short_term_borrowing                           | decimal(11,2)| YES  |     | NULL    |                |
| trading_financial_liabilities                  | decimal(11,2)| YES  |     | NULL    |                |
| Notes_payable_and_accounts_payable             | decimal(11,2)| YES  |     | NULL    |                |
| notes_payable                                  | decimal(11,2)| YES  |     | NULL    |                |
| accounts_pay                                   | decimal(11,2)| YES  |     | NULL    |                |
| accounts_precollected                          | decimal(11,2)| YES  |     | NULL    |                |
| Fees_and_commissions_payable                   | decimal(11,2)| YES  |     | NULL    |                |
| employee_pay_payable                           | decimal(11,2)| YES  |     | NULL    |                |
| tax_pay                                        | decimal(11,2)| YES  |     | NULL    |                |
| Other_pay_t                                    | decimal(11,2)| YES  |     | NULL    |                |
| interest_in_red                                | decimal(11,2)| YES  |     | NULL    |                |
| dividends_pay                                  | decimal(11,2)| YES  |     | NULL    |                |
| accrued_expenses                               | decimal(11,2)| YES  |     | NULL    |                |
| Deferred_revenue_within_one_year               | decimal(11,2)| YES  |     | NULL    |                |
| short_term_bonds_payable                       | decimal(11,2)| YES  |     | NULL    |                |
| Non_current_liabilities_of_rice_wives_one_year | decimal(11,2)| YES  |     | NULL    |                |
| current_liability_other                        | decimal(11,2)| YES  |     | NULL    |                |
| current_liability_t                            | decimal(11,2)| YES  |     | NULL    |                |
| non_current_liability                          | decimal(11,2)| YES  |     | NULL    |                |
| long_liability_debt                            | decimal(11,2)| YES  |     | NULL    |                |
| bonds_payable                                  | decimal(11,2)| YES  |     | NULL    |                |
| lease_liability                                | decimal(11,2)| YES  |     | NULL    |                |
| Long_term_employee_compensation_pay            | decimal(11,2)| YES  |     | NULL    |                |
| Long_term_pay_t                                | decimal(11,2)| YES  |     | NULL    |                |
| long_payable                                   | decimal(11,2)| YES  |     | NULL    |                |
| payable_special_funds                          | decimal(11,2)| YES  |     | NULL    |                |
| Estimated_non_current_liabilities              | decimal(11,2)| YES  |     | NULL    |                |
| deferred_income_tax                            | decimal(11,2)| YES  |     | NULL    |                |
| Long_deferred_earnings                         | decimal(11,2)| YES  |     | NULL    |                |
| non_current_liabilities_other                  | decimal(11,2)| YES  |     | NULL    |                |
| total_non_current_liabilities                  | decimal(11,2)| YES  |     | NULL    |                |
| liability_total                                | decimal(16,2)| YES  |     | NULL    |                |
| ownership_interest                             | decimal(11,2)| YES  |     | NULL    |                |
| Paid_in_capital_or_equity                      | decimal(11,2)| YES  |     | NULL    |                |
| capital_reserve                                | decimal(11,2)| YES  |     | NULL    |                |
| Inventory_stocks_minus                         | decimal(11,2)| YES  |     | NULL    |                |
| Other_income_total                             | decimal(11,2)| YES  |     | NULL    |                |
| T_store                                        | decimal(11,2)| YES  |     | NULL    |                |
| surplus_public_accumulation                    | decimal(11,2)| YES  |     | NULL    |                |
| General_Risk_preparedness                      | decimal(11,2)| YES  |     | NULL    |                |
| undistributed_profit                           | decimal(11,2)| YES  |     | NULL    |                |
| equity_attributable_to_parent                  | decimal(11,2)| YES  |     | NULL    |                |
| minority_equity                                | decimal(11,2)| YES  |     | NULL    |                |
| owner_equity_or_shareholder_total              | decimal(11,2)| YES  |     | NULL    |                |
| liabilities_and_owner_equity_shareholder_total | decimal(11,2)| YES  |     | NULL    |                |
```

图 2-3 资产负债表 balance _ sheet

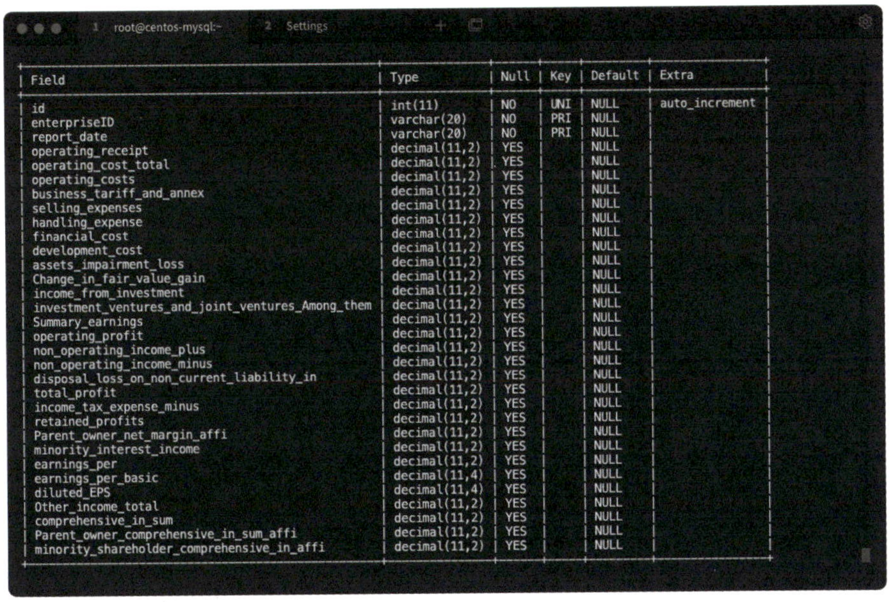

Field	Type	Null	Key	Default	Extra
id	int(11)	NO	UNI	NULL	auto_increment
enterpriseID	varchar(20)	NO	PRI	NULL	
report_date	varchar(20)	NO	PRI	NULL	
operating_receipt	decimal(11,2)	YES		NULL	
operating_cost_total	decimal(11,2)	YES		NULL	
operating_costs	decimal(11,2)	YES		NULL	
business_tariff_and_annex	decimal(11,2)	YES		NULL	
selling_expenses	decimal(11,2)	YES		NULL	
handling_expense	decimal(11,2)	YES		NULL	
financial_cost	decimal(11,2)	YES		NULL	
development_cost	decimal(11,2)	YES		NULL	
assets_impairment_loss	decimal(11,2)	YES		NULL	
Change_in_fair_value_gain	decimal(11,2)	YES		NULL	
income_from_investment	decimal(11,2)	YES		NULL	
investment_ventures_and_joint_ventures_Among_them	decimal(11,2)	YES		NULL	
Summary_earnings	decimal(11,2)	YES		NULL	
operating_profit	decimal(11,2)	YES		NULL	
non_operating_income_plus	decimal(11,2)	YES		NULL	
non_operating_income_minus	decimal(11,2)	YES		NULL	
disposal_loss_on_non_current_liability_in	decimal(11,2)	YES		NULL	
total_profit	decimal(11,2)	YES		NULL	
income_tax_expense_minus	decimal(11,2)	YES		NULL	
retained_profits	decimal(11,2)	YES		NULL	
Parent_owner_net_margin_affi	decimal(11,2)	YES		NULL	
minority_interest_income	decimal(11,2)	YES		NULL	
earnings_per	decimal(11,2)	YES		NULL	
earnings_per_basic	decimal(11,4)	YES		NULL	
diluted_EPS	decimal(11,4)	YES		NULL	
Other_income_total	decimal(11,2)	YES		NULL	
comprehensive_in_sum	decimal(11,2)	YES		NULL	
Parent_owner_comprehensive_in_sum_affi	decimal(11,2)	YES		NULL	
minority_shareholder_comprehensive_in_affi	decimal(11,2)	YES		NULL	

图 2-4 利润表 profit _ statement

二、单表查询

单表查询是指仅对一个表进行查询。下面从选择列、选择行、对查询结果排序、使用聚合函数等方面来说明单表查询操作。

(一)选择列

SELECT 子句的目标列用于选择表的部分或全部列，相当于关系代数的投影运算。

1. 选择表中指定的列

【例 2-1】查询 enterprise 表中的公司编号、公司名称、注册资金。

```
SELECT 公司编号,公司名称,注册资金
  FROM enterprise;
```

2. 选择表中全部列

可在 SELECT 语句中指出各列的名称查询，更简便的方法是在指定列的位置使用“ * ”。

【例 2-2】查询 enterprise 表中的所有列。

```
SELECT  *
  FROM enterprise;
```

3. 查询计算过的值

使用 SELECT 对列进行查询时，可以直接以列的原始值作为结果，而且还可以将队列值进行计算后所得的值作为查询结果。

【例 2-3】将 balance _ sheet 表中各数据的利息收入乘以 1.2。

```
SELECT id 编号,利息收入  *  1.2
  FROM balance_sheet;
```

4. 更改结果列的标题

如果查询结果中的某些列或所有列，显示时使用自己选择的标题，可以在列名之后使用 AS 子句来更改查询结果的列标题名。

【例 2-4】查询 enterprise 表中的公司编号、公司名称、注册资金，将结果中各列的标题分别指定为 EID、ENAME、RCAPITAL。

```
SELECT 公司编号 AS EID,公司名称 AS ENAME,注册资金 AS RCAPITAL
    FROM enterprise;
```

这里关键字"AS"可以省略，可用等号（＝），但此时列名必须在等号的右边（EID ＝公司编号）。

5. 替换查询结果中的数据

在对表进行查询时，有时对所查询的某些列希望得到一种概念而不是具体的数据。如查询 enterprise 表中的注册资金时，希望知道注册资金的高低情况，这时就可以用登记来替换注册资金的具体数字了。

若替换查询结果中的数据，则需要使用 CASE 表达式，格式如下：

```
CASE
    WHEN 条件 1 THEN 表达式 1
    WHEN 条件 2 THEN 表达式 2
    ...
    ELSE 表达式
END
```

【例 2-5】查询 enterprise 表中的公司编号、公司名称和注册资金，对其注册资金按以下规则进行替换：若注册资金为空值，则替换为"认缴"；若注册资金小于 40 000 000，则替换为"低"；若注册资金在 40 000 000～90 000 000，则替换为"中"；若注册资金在 90 000 000～300 000 000，则替换为"较高"；若注册资金大于 300 000 000，则替换为"高"。列标题注册资金更改为"注册资金等级"。SELECT 语句如下。

```
SELECT 公司编号,公司名称,注册资金等级 =
    CASE
        WHEN 注册资金 IS NULL THEN '认缴'
        WHEN 注册资金 ＜ 40000000 THEN '低'
        WHEN 注册资金 ＞ = 40000000 AND 注册资金 ＜ = 90000000 THEN '中'
        WHEN 注册资金 ＞ 90000000 AND 注册资金 ＜ = 300000000 THEN '较高'
        ELSE '高'
    END
    FROM enterprise;
```

6. 去除重复行

一个表里面本来不完全相同的元组，当投影到指定某些列的时候可能变成相同的行。用 DISTINCT 语句可以取消它们。

【例 2-6】在 enterprise 表中查询总共有哪些行业。

```
SELECT 行业
    FROM enterprise;
```

执行该语句后所得到的结果如图 2-5 所示，课件结果中包含了多个重复的行。若要去掉重复的行，就要指定 DISTINCT 关键字如下。

```
SELECT DISTINCT 行业
    FROM enterprise;
```

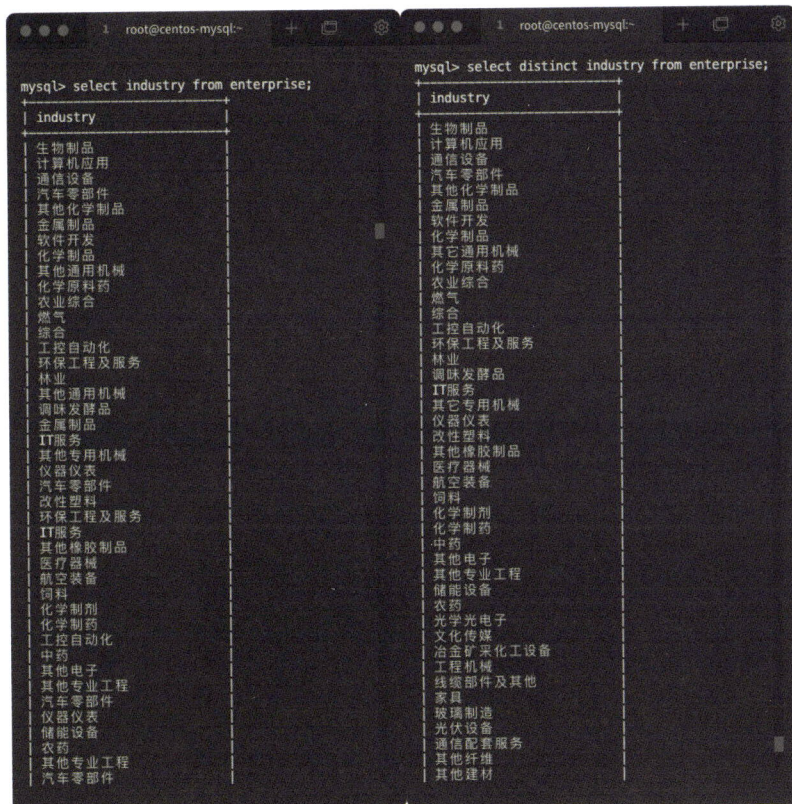

图 2-5　例 2-6 的执行结果

【注意】关键字 DISTINCT 的含义是对结果集中的重复行只选择一个，即保障行的唯一性，与 DISTINCT 相反，当使用关键字 ALL 时，将保留结果集的所有行，当 SELECT 语句中省略 ALL 与 DISTINCT 时，默认值为 ALL。

(二)选择行

WHERE 子句用于筛选表中满足条件的元组，相当于关系代数的选择运算。

WHERE 子句必须跟在 FROM 子句之后。构成 WHERE 子句中条件表达式的运算符包括比较运算、指定范围、确定集合、字符匹配、空值比较和逻辑运算六类。如果表 2-1 所示这些运算符叫谓词，则 SQL 中返回逻辑值的运算符或关键字都可称为谓词，可将多个运算的结果通过逻辑运算符再组成更为复杂的查询条件。

表 2-1 常用查询条件

查询条件	谓词
比较运算	<=、<、=、>=、>、<>、! =(不等于)
指定范围	BETWEEN AND、NOT BETWEEN AND
确定集合	IN、NOT IN
字符匹配	LIKE、NOT LIKE
空值比较	IS NULL、IS NOT NULL
逻辑运算	AND、OR、NOT

(1)比较运算。

比较运算符用于比较两个表达式值。比较运算的格式如下。

```
<表达式 1>{ = | < | <= | > | >= | <> | ! = }<表达式 2>
```

当两个表达式值均不为空值(NULL)时，比较运算符返回逻辑值 TRUE(真)或 FALSE(假)；当两个表达式中有一个为空值或都为空值时，比较运算符将返回 UNKNOWN。

【例 2-7】查询 balance_sheet 表中应收账款在 5 000 元以上的数据。

```
SELECT *
  FROM balance_sheet
  WHERE 应收账款 >= 5000
```

该语句执行结果如图 2-6 所示。

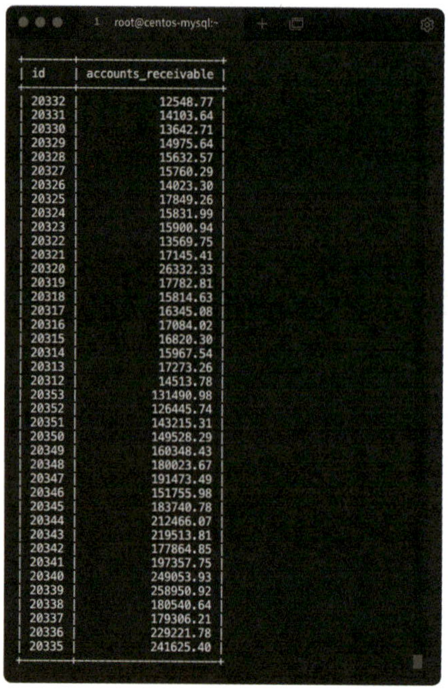

id	accounts_receivable
20332	12548.77
20331	14103.64
20330	13642.71
20329	14975.64
20328	15632.57
20327	15760.29
20326	14023.30
20325	17849.26
20324	15831.99
20323	15900.94
20322	13569.75
20321	17145.41
20320	26332.33
20319	17782.81
20318	15814.63
20317	16345.08
20316	17084.02
20315	16820.30
20314	15967.54
20313	17273.26
20312	14513.78
20353	131490.98
20352	126445.74
20351	143215.31
20350	149528.29
20349	160348.43
20348	180023.67
20347	191473.49
20346	151755.98
20345	183740.78
20344	212466.07
20343	219513.81
20342	177864.85
20341	197357.75
20340	249053.93
20339	258950.92
20338	180540.64
20337	179306.21
20336	229221.78
20335	241625.40

图 2-6 例 2-7 的执行结果

RDBMS 执行该查询的过程：对 balance_sheet 表从头开始进行全表扫描，去除当前元组，检查该元组在"应收账款"列上的值是否大于等于 5 000 元。如果是，则去除该元组并加入结果表中；否则跳过该元组，去下一元组继续处理。

(2)指定范围。

用于范围比较的关键字有两个：BETWEEN AND 和 NOT BETWEEN AND，用于查找字段值是否在指定的范围内。BETWEEN(NOT BETWEEN)关键字格式如下。

```
<表达式>[NOT]BETWEEN<表达式 1>AND<表达式 2>
```

其中，BETWEEN 关键字之后是范围的下限(低值)，AND 关键字之后是范围的上限(高值)。当使用 NOT 时，若表达式的值在<表达式 1>与<表达式 2>之间(包括这两个值)，则返回 TRUE，否则返回 FALSE；使用 NOT 时，返回值相反。

【例 2-8】查询 enterprise 表中注册资金在 40 000 000～100 000 000 元的公司信息。

```
SELECT *
    FROM enterprise
    WHERE 注册资金 BETWEEN 40000000 AND 100000000;
```

【例 2-9】查询 enterprise 表中不是 2000 年创建的公司信息。

```
SELECT *
    FROM enterprise
    WHERE 创建日期 NOT BETWEEN 20000101 AND 20001231;
```

(3)确定集合。

使用 IN 关键字可以指定一个值表集合，值表中列出了所有可能的值。当表达式与值表中的任一个匹配时，即返回 TRUE；否则返回 FALSE。使用 IN 关键字指定值表集合的格式如下。

```
<表达式>IN(<表达式>[,…<表达式 n>])
```

【例 2-10】查询 enterprise 表中行业类别为"医疗器械""IT 服务"和"物流"的公司信息。

```
SELECT *
    FROM enterprise
    WHERE 行业 IN('医疗器械','IT 服务','物流');
```

与 IN 相对的是 NOT IN，用于查找列值不属于指定集合的行。

(4)自负匹配。

LIKE 谓词用于进行字符串的匹配，其运算对象可以是 char、varchar 等类型的数据，返回逻辑值 TRUE 或 FALSE。LIKE 谓词表达式的格式如下。

```
<表达式>[NOT]LIKE<匹配串>
```

含义是查找指定列值与匹配串相匹配的行，匹配串可以是一个完整的字符串，也可以含有通配符（％）和下划线（_）。

％：代表任意长度（包括 0）的字符串。例如，a％b 表示以 a 开头、以 b 结尾的任意长度的字符串，abb、abcb、aszdb 等都满足此匹配串。

_：代表任意一个字符。例如，a_b 表示以 a 开头、以 b 结尾、长度为 3 的字符串，acb、abb、asb 等都满足此匹配串。

LIKE 语句使用通配符的查询也称为模糊查询。如果没有％或_，则 LIKE 运算符等同于运算符。

【例 2-11】查询 enterprise 表中办公地址为"广东"的公司信息。

```
SELECT *
    FROM enterprise
    WHERE 办公地址 LIKE '广东％';
```

【例 2-12】查询 enterprise 表中董事会秘书姓"徐"且单名的公司信息。

```
SELECT *
    FROM enterprise
    WHERE 董事会秘书 LIKE '徐_';
```

若需要查询的条件中包含通配符，则要使用转移序列"ESCAPE\"对通配符进行转移，例如，(LIKE 'se_％' ESCAPE '\')这样 _ 通配符就只是作为一个字符被查询了。

【例 2-13】查询 enterprise 表中注册资金尚未确定的公司信息。

```
SELECT *
    FROM enterprise
    WHERE 注册资金 IS NULL;
```

查询注册地为"江苏"，行业为"IT 服务"的公司编号和公司名称。

```
SELECT 公司编号,公司名称
    FROM enterprise
    WHERE 注册地 LIKE '江苏％' AND 行业 = 'IT 服务';
```

（三）对查询结果排序

应用中常要对查询结果进行排序输出，如按注册资金的高低、注册地对公司排序等。SELECT 语句的 ORDER BY 子句可用于对查询结果按照一个或多个列、表达式或序号进行升序（ASC）或降序（DESC）排列，默认值为升序（ASC）。ORDER BY 子句的格式如下。

```
ORDER BY <列名 1>[ASC|DESC][<列名 2>[ASC|DESC]…]
```

当按多个列排序时，前面列的优先级高于后面的列。

【例 2-14】将 enterprise 表中的公司编号、公司名称按公司名称的汉语拼音顺序排序。

```
SELECT 公司编号,公司名称
    FROM enterprise
    ORDER BY 公司名称;
```

该语句执行结果如图 2-7 所示。

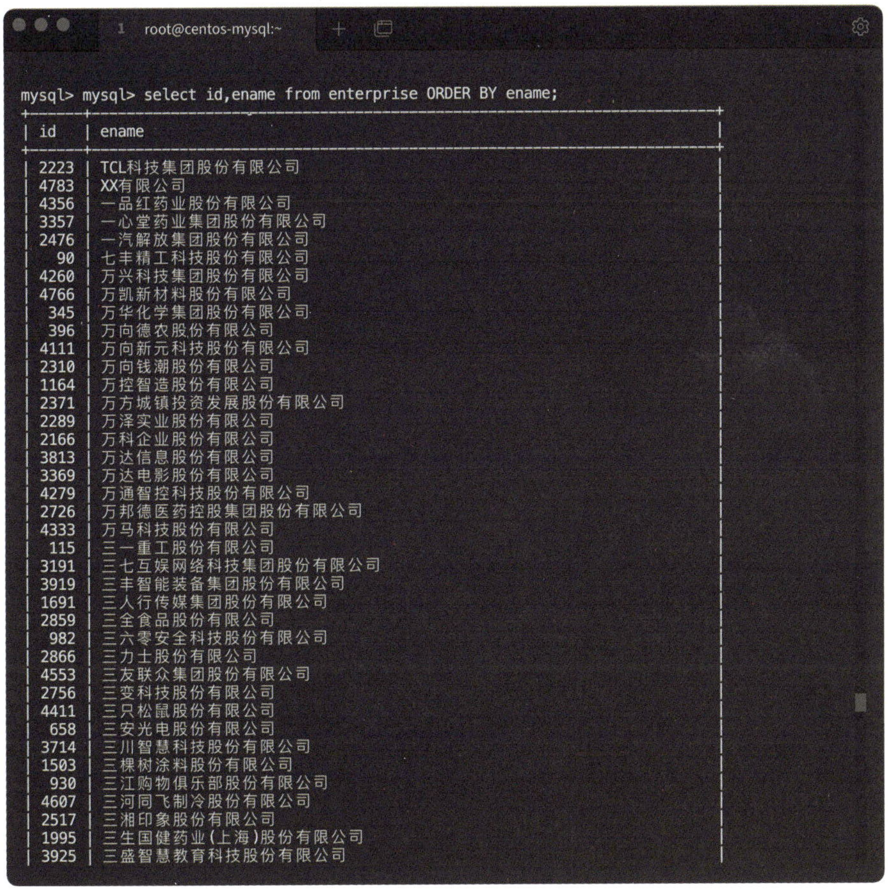

```
mysql> mysql> select id,ename from enterprise ORDER BY ename;
+------+----------------------------------------------+
| id   | ename                                        |
+------+----------------------------------------------+
| 2223 | TCL科技集团股份有限公司                      |
| 4783 | XX有限公司                                   |
| 4356 | 一品红药业股份有限公司                       |
| 3357 | 一心堂药业集团股份有限公司                   |
| 2476 | 一汽解放集团股份有限公司                     |
|   90 | 七丰精工科技股份有限公司                     |
| 4260 | 万兴科技集团股份有限公司                     |
| 4766 | 万凯新材料股份有限公司                       |
|  345 | 万华化学集团股份有限公司                     |
|  396 | 万向德农股份有限公司                         |
| 4111 | 万向新元科技股份有限公司                     |
| 2310 | 万向钱潮股份有限公司                         |
| 1164 | 万控智造股份有限公司                         |
| 2371 | 万方城镇投资发展股份有限公司                 |
| 2289 | 万泽实业股份有限公司                         |
| 2166 | 万科企业股份有限公司                         |
| 3813 | 万达信息股份有限公司                         |
| 3369 | 万达电影股份有限公司                         |
| 4279 | 万通智控科技股份有限公司                     |
| 2726 | 万邦德医药控股集团股份有限公司               |
| 4333 | 万马科技股份有限公司                         |
|  115 | 三一重工股份有限公司                         |
| 3191 | 三七互娱网络科技集团股份有限公司             |
| 3919 | 三丰智能装备集团股份有限公司                 |
| 1691 | 三人行传媒集团股份有限公司                   |
| 2859 | 三全食品股份有限公司                         |
|  982 | 三六零安全科技股份有限公司                   |
| 2866 | 三力士股份有限公司                           |
| 4553 | 三友联众集团股份有限公司                     |
| 2756 | 三变科技股份有限公司                         |
| 4411 | 三只松鼠股份有限公司                         |
|  658 | 三安光电股份有限公司                         |
| 3714 | 三川智慧科技股份有限公司                     |
| 1503 | 三棵树涂料股份有限公司                       |
|  930 | 三江购物俱乐部股份有限公司                   |
| 4607 | 三河同飞制冷股份有限公司                     |
| 2517 | 三湘印象股份有限公司                         |
| 1995 | 三生国健药业(上海)股份有限公司               |
| 3925 | 三盛智慧教育科技股份有限公司                 |
```

图 2-7　例 2-14 的执行结果

【例 2-15】将 enterprise 表中公司编号、公司名称、成立日期按公司名称的汉语拼音升序，以及成立日期由小到大排序。

```
SELECT 公司编号,公司名称,成立日期
    FROM enterprise
    ORDER BY 公司名称 ASC,成立日期 DESC;
```

该语句的执行结果如图 2-8 所示。

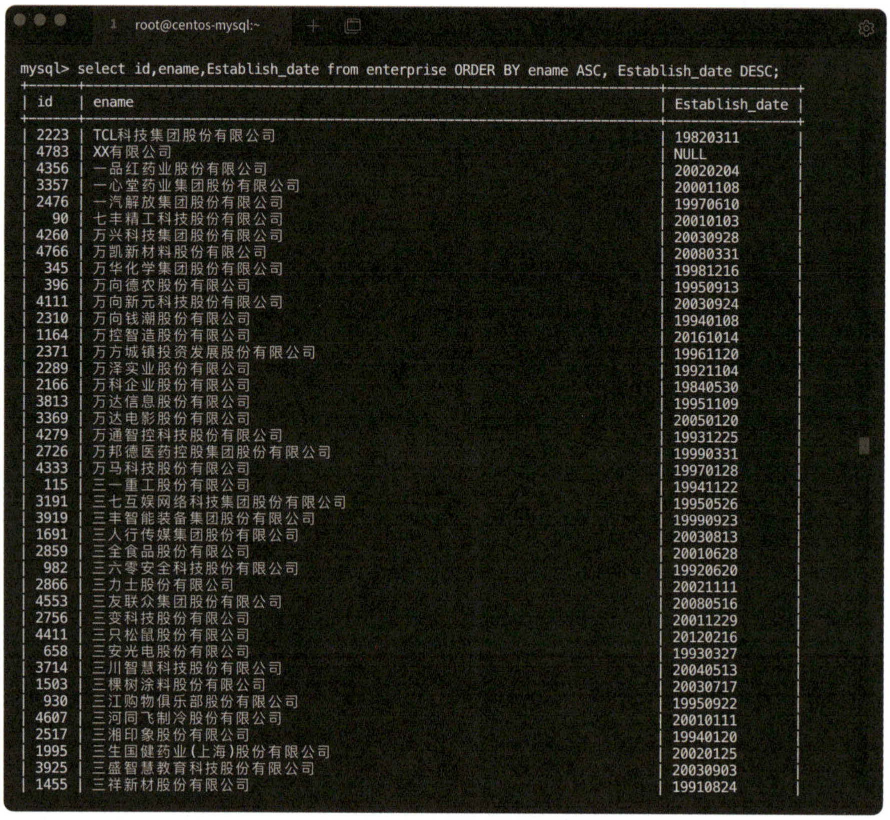

```
mysql> select id,ename,Establish_date from enterprise ORDER BY ename ASC, Establish_date DESC;
+------+------------------------------------+----------------+
| id   | ename                              | Establish_date |
+------+------------------------------------+----------------+
| 2223 | TCL科技集团股份有限公司            | 19820311       |
| 4783 | XX有限公司                         | NULL           |
| 4356 | 一品红药业股份有限公司             | 20020204       |
| 3357 | 一心堂药业集团股份有限公司         | 20001108       |
| 2476 | 一汽解放集团股份有限公司           | 19970610       |
|   90 | 七丰精工科技股份有限公司           | 20010103       |
| 4260 | 万兴科技集团股份有限公司           | 20030928       |
| 4766 | 万凯新材料股份有限公司             | 20080331       |
|  345 | 万华化学集团股份有限公司           | 19981216       |
|  396 | 万向德农股份有限公司               | 19950913       |
| 4111 | 万向新元科技股份有限公司           | 20030924       |
| 2310 | 万向钱潮股份有限公司               | 19940108       |
| 1164 | 万控智造股份有限公司               | 20161014       |
| 2371 | 万方城镇投资发展股份有限公司       | 19961120       |
| 2289 | 万泽实业股份有限公司               | 19921104       |
| 2166 | 万科企业股份有限公司               | 19840530       |
| 3813 | 万达信息股份有限公司               | 19951109       |
| 3369 | 万达电影股份有限公司               | 20050120       |
| 4279 | 万通智控科技股份有限公司           | 19931225       |
| 2726 | 万邦德医药控股集团股份有限公司     | 19990331       |
| 4333 | 万马科技股份有限公司               | 19970128       |
|  115 | 三一重工股份有限公司               | 19941122       |
| 3191 | 三七互娱网络科技集团股份有限公司   | 19950526       |
| 3919 | 三丰智能装备集团股份有限公司       | 19990923       |
| 1691 | 三人行传媒集团股份有限公司         | 20030813       |
| 2859 | 三全食品股份有限公司               | 20010628       |
|  982 | 三六零安全科技股份有限公司         | 19920620       |
| 2866 | 三力士股份有限公司                 | 20021111       |
| 4553 | 三友联众集团股份有限公司           | 20080516       |
| 2756 | 三变科技股份有限公司               | 20011229       |
| 4411 | 三只松鼠股份有限公司               | 20120216       |
|  658 | 三安光电股份有限公司               | 19930327       |
| 3714 | 三川智慧科技股份有限公司           | 20040513       |
| 1503 | 三棵树涂料股份有限公司             | 20030717       |
|  930 | 三江购物俱乐部股份有限公司         | 19950922       |
| 4607 | 三河同飞制冷股份有限公司           | 20010111       |
| 2517 | 三湘印象股份有限公司               | 19940120       |
| 1995 | 三生国健药业(上海)股份有限公司     | 20020125       |
| 3925 | 三盛智慧教育科技股份有限公司       | 20030903       |
| 1455 | 三祥新材股份有限公司               | 19910824       |
```

图 2-8　例 2-15 的执行结果

(四)使用聚合函数

在查询数据时，常要对结果进行计算或统计，如统计公司总数，求最高或最低注册资金、平均注册资金等。SELECT 子句中的表达式可以包含聚合函数，用来增强查询功能。

聚合函数(aggregate function)是指对集合进行操作，但只返回单个值的函数，也称统计、组、集合、聚集或列函数。

常用的聚合函数如表 2-2 所示。

表 2-2　常用聚合函数

函数名	说明
AVG	求组中值的平均值
COUNT	求组中函数，返回 int 类型整数
MAX	求最大值
MIN	求最小值
SUM	返回表达式中所有值的和

1. SUM 和 AVG

SUM 和 AVG 分别用于求表达式中所有值项的总和与平均值，语法格式如下。

```
SUM | AVG([ALL | DISTINCT] <表达式>)
```

　　其中，＜表达式＞可以是常量、列、函数或表达式，其数据类型只能是数值类型(int、smalint、decimal、numeric、float、real)。ALL 表示对所有值进行运算，DISTINCT 表示去除重复值，默认为 ALL。

　　【例 2-16】查询 enterprise 表中所有公司的平均注册资金。

```
SELECT AVG(注册资金) AS '平均注册资金'
    FROM enterprise;
```

　　使用聚合函数作为 SELECT 的选择列时，若不为其指定列标题，则系统将对该列输出标题"(无列名)"。

2. MAX 和 MIN

　　MAX 和 MIN 分别用于求表达式中所有项的最大值与最小值，语法格式如下。

```
MAX | MIN([ALL | DISTINCT]＜表达式＞)
```

　　其中，＜表达式＞可以是常量、列、函数或表达式，其数据类型可以是数字、字符和日期时间。ALL、DISTINCT 的含义及默认值与 SUM/AVG 相同。

　　【例 2-17】查询 enterprise 表中最高注册资金和最低注册资金。

```
SELECT MAX(注册资金) AS '最高注册资金',MIN(注册资金)AS '最低注册资金'
    FROM enterprise;
```

3. COUNT

　　COUNT 用于统计组中满足条件的行数或总行数，格式如下。

```
COUNT({[ALL | DISTINCT]＜列名＞} | ＊)
```

　　ALL、DISTINCT 的含义及默认值与 SUM/AVG 相同。COUNT(＊)表示统计总行数，COUNT(列名)表示统计列中非 NULL 值的个数。

　　【例 2-18】查询公司总数。

```
SELECT COUNT(＊) AS '公司总数'
    FROM enterprise;
```

三、连接查询

　　单表查询是针对一个表进行的。若一个查询同时涉及两个或两个以上的表，则成为连接查询。连接是二元运算，类似于关系代数中的连接操作，可以对两个或多个表进行查询，结果通常是含有参加连接运算的两个表(或多个表)的指定列的表。

　　连接查询是关系数据库中最主要的查询方式之一。连接查询有两种形式：一种是采用连接谓词；另一种是采用关键词 JOIN。

(一)连接谓词

当 SELECT 语句的 WHERE 子句中查询条件使用比较谓词或指定范围谓词,所涉及的列来源于两个或两个以上的表时,则该 SELECT 查询将涉及多个表,即为连接查询。连接查询的这种表示形式称为连接谓词形式。连接谓词又称连接条件,其格式如下。

```
[<表名 1>]<列名 1><比较运算符>[<表名 2>]<列名 2>
[<表名 1>]<列名 1>BETWEEN[<表名 2>]<列名 2>AND[<表名 2>]<列名 3>
```

其中,谓词主要有<、<=、=、>、>=、!=、<>、!<和!>。当谓词为"="时,就是等值连接。若在目标列中去除相同字段名,则为自然连接。

连接谓词中出现的列名称为连接字段。连接条件中的各连接字段类型必须是可比的。

1. 等值连接

【例 2-19】查找数据库中,每个公司信息及其资产负债情况。

```
SELECT enterprise. * ,balance_sheet. *
    FROM enterprise,balance_sheet
    WHERE enterprise.公司编号 = balance_sheet.公司编号;
```

本查询为等值连接查询,涉及 enterprise 和 balance_sheet 两个表,它们之间的联系是通过公共属性"公司编号"实现的,查询结果包含了 enterprise 表和 balance_sheet 表的所有列。

本列中,SELECT 子句与 WHERE 子句中的列名前都加有表名前缀,这是为了避免列名混淆。表名前缀的格式是表名、列名或表名. * ,如本列中 enterprise. * 、balance_sheet. * 、enterprise. 公司编号、balance_sheet. 公司编号都是限定形式的列名。

当连接查询涉及多个表中的同名列时,均要加上表名前缀。否则,如果在查询语句中不指定是哪个表中的该列,那么语句执行就会出错。下面是一个执行出错的 SELECT 语句。

```
SELECT *
    FROM enterprise,balance_sheet
    WHERE 公司编号 = 公司编号;
```

表 enterprise 和 balance_sheet 都包含"公司编号"列,上述语句中连接条件"公司编号 = 公司编号"表示出错,系统无法判断"公司编号"列来自哪个源表。

表名前缀除直接使用表名外,也可以使用表的别名,如本列的查询也可表达如下。

```
SELECT a. * ,b. *
    FROM enterprise a,balance_sheet b
    WHERE a. 公司编号 = b. 公司编号;
```

在 FROM 子句中为 enterprise 表和 balance _ sheet 表分别取了别名 a 和 b,因此在 SELECT 子句与 WHERE 子句中就可以使用 a、b 来代表 enterprise 表和 balance_sheet 表。当表名较长且多处需要使用表名前缀或查询嵌套较深时,使用表别名前缀将使表达更加简洁。

2. 自然连接

【例 2-20】查找数据库中每个公司信息及其资产负债情况，去除重复的列。

```
SELECT a. * ,b. 流动资产,b. 长期负债,b. 短期借款,b. 资产总计,b. 贸易金融资产
    FROM enterprise a,balance_sheet b
    WHERE a. 公司编号 = b. 公司编号;
```

这种等值连接中把重复的列去除的情况称为自然连接查询。

3. 多表连接

当用户需要的列来自两个以上的表时，就要对多个表进行连接，这称为多表连接查询。

【例 2-21】查找行业是"IT 服务"的公司编号、公司名称、流动资产、长期负债、运营成本、销售费用和公司的成立日期，并按照日期排序。

```
SELECT a. 公司编号,a. 公司名称,b. 流动资产,b. 长期负债,c. 运营成本,c. 销售费用,a. 成立日
    FROM enterprise a,balance_sheet b,profit_statement c
    AND 行业 = 'IT 服务'
    ORDER BY 成立日期;
```

4. 自连接

不仅可将不同的表进行连接，还可将一个表与它自身进行连接，这称为自身连接。使用自身连接时需要为该表指定两个别名，并且对所有列的引用均用别名限定。

【例 2-22】在 enterprise 表中查询具有相同董事会秘书的公司信息。

```
SELECT Einfo1. *
    FROM enterprise Einfo1,enterprise Einfo2
    WHERE Einfo1. 董事会秘书 = Einfo2. 董事会秘书 AND Einfo1. 公司编号<>Einfo2. 公司编号;
```

(二)以 JOIN 关键字指定的连接

在 FROM 子句的扩展定义中 INNER JOIN 表示内连接，OUTER JOIN 表示外连接。

1. 内连接

内连接按照 ON 所指定的连接条件合并两个表，返回满足条件的行，其语法格式如下。

```
FROM<表名 1>JOIN<表名 2>ON<表名 1. 列名> = <表名 2. 列名>
```

【例 2-23】查找数据库中每个公司信息及其资产负债情况。

```
SELECT *
    FROM enterprise INNER JOIN balance_sheet ON enterprise.公司编号 = balance_sheet.公司编号;
```

本列执行结果表将包含 enterprise 表和 balance_sheet 表的所有字段，而不会去除重复列"公司编号"。若要去除重复的"公司编号"列，就要如例 2-20 中一样指出目标列名称，其语句如下。

```
SELECT a. * ,b. 流动资产,b. 长期负债
    FROM enterprise a INNER JOIN balance_sheet b ON a. 公司编号 = b. 公司编号；
```

内连接是默认的，可以省略 INNER 关键字。使用内连接后仍可使用 WHERE 子句指定条件。

【例 2-24】用 FROM 的 JOIN 关键字表达下列查询：在数据库中查询公司编号为"4782"的公司编号、公司名称、流动资产、长期负债。

```
SELECT DISTINCT a. 公司编号,a. 公司名称,b. 流动资产,b. 长期负债
    FROM enterprise a JOIN balance_sheet b ON a. 公司编号 = b. 公司编号
    Where a. id ='公司编号'；
```

内连接也可以用于表示多表连接。

2. 外连接

外连接包括三种：①左外连接(LEFT OUTER JOIN)，结果表中除包括满足连接条件的行外，还包括左表的所有行；②右外连接(RIGHT OUTER JOIN)，结果表中除包括满足连接条件的行外，还包括右表的所有行；③完全外连接(FULL OUTER JOIN)，结果表中除包括满足连接条件的行外，还包括两个表的所有行。其中 OUTER 关键字均可省略。

注意：外连接只能对两个表进行，同时要求两个表具有相同列(取自相同域，而非必须同名)。

【例 2-25】查找所有公司信息及长期负债。若没有长期负债记录，也要包括其基本信息。

```
SELECT enterprise. * ,balance_sheet.long_liability_debt
    FROM enterprise LEFT JOIN balance_sheet ON enterprise.公司编号 = balance_sheet.公司编号；
```

右外连接可以表示与左外连接同样的查询，只要将两个表的顺序颠倒即可。

【例 2-26】用右外连接实现例 2-25 的查询。

```
SELECT enterprise. * ,balance_sheet.long_liability_debt
    FROM balance_sheet RIGHT JOIN enterprise ON enterprise.公司编号 = balance_sheet.公司编号；
```

四、嵌套查询

在 SQL 中一个"SELECT—FROM—WHERE"语句称为一个查询块。从理论上说，在查询语句中可出现表名之处均可出现 SELECT 查询块。在 WHERE 子句或 HAVING 子句所表示的条件中，可以使用另一个查询的结果(一个查询块)作为条件的一部分，如判定列值是否与某个查询结果集中的值相等，这种将一个查询块嵌套在另一个查询块的 WHERE 子句或 HAVING 子句的条件查询称为嵌套查询。

```
SELECT 公司名称                    —外层查询块或父查询
    FROM enterprise
    WHERE 公司编号 IN
        (SELECT 公司编号            —内层查询块或子查询
            FROM balance_sheet
            WHERE 公司编号 ='4782')；
```

内层查询块 "SELECT 公司编号 FROM balance _ sheet WHERE 公司编号='4782'" 是套在外层查询块 "SELECT 公司名称 FROM enterprise WHERE 公司编号 IN" 的条件中的。

外层查询块又称为父查询，内层查询块又称为子查询。

SQL 允许 SELECT 多层嵌套使用，即一个子查询中还可以嵌套其他子查询，用来表示复杂的查询，从而增强 SQL 的查询表达能力。以这种层层嵌套的方式构造查询语句正是 SQL 中 "结构化" 的含义所在。

注意：子查询的 SELECT 语句中不能包含 ORDER BY 子句，ORDER BY 子句只能对最终查询结果进行排序。

子查询除了可用在 SELECT 语句中，还可用在 INSERT、UPDATE 语句及 DELETE 的语句中。子查询通常与 IN、EXISTS 谓词及比较运算符结合使用，这体现了关系演算的思想。

(一)嵌套查询的分类

根据自查询的条件是否与父查询相关，嵌套查询可分为不相关子查询和相关子查询两类。

不相关子查询(Non-correlated Subquery)指子查询的条件不依赖于父查询。相关子查询(Correlated Subquery)指子查询的条件依赖于父查询，如例 2-27。

【例 2-27】查找公司里与董事会秘书张亮同名的信息。

```
SELECT  *
    FROM enterprise a
    WHERE 董事会秘书 IN
        (SELECT 董事会秘书
            FROM enterprise b
            WHERE b.董事会秘书='张亮' AND a.公司编号<>b.公司编号);
```

例 2-27 是一个相关子查询。子查询的条件 "b.董事会秘书='张亮' AND a.公司编号<>b.公司编号" 与父查询当前记录相关。

不相关子查询一般的执行过程是由内向外处理的，即每个子查询在其上一层查询处理之前执行，子查询的结果用于建立其父查询的查找条件。例 2-28 将详细说明不相关子查询的执行过程。

而相关子查询的执行较为复杂，对于子查询的条件，须根据父查询表的当前记录值确定其是否为 TRUE，若为 TRUE，则将父查询当前记录放入结果表；然后再取父查询表的下一条记录；重复这个过程，直到父查询表记录全部处理完为止。

(二)带 IN 谓词的子查询

在嵌套查询中，子查询的结果往往是一个集合，所以 IN 是嵌套查询中最常使用的谓词。IN 子查询用于进行一个给定值是否在子查询结果集中的判断，格式如下。

```
<表达式>[NOT] IN(子查询)
```

当<表达式>与<子查询>的结果表中的某个值相等时，IN 谓词返回 TRUE，否则返回 FALSE；若使用了 NOT，则返回的值刚好相反。

注意：IN 和 NOT IN 子查询只能返回一列数据。

【例 2-28】查询与董事会秘书张亮的公司同一成立日期的公司信息。

```
SELECT *
    FROM enterprise
    WHERE 成立日期 IN
        (SELECT 成立日期
            FROM enterprise WHERE 董事会秘书='张亮');
```

在执行包含不相关子查询的 SELECT 语句时，系统实际上也是分布进行的，即限制性子查询，产生一个结果表，再执行父查询。

【例 2-29】查询没有"长期负债"公司的公司信息。

```
SELECT *
    FROM enterprise
    WHERE 公司编号 NOT IN
        (SELECT 公司编号
            FROM balance_sheet
            WHERE 长期负债=NULL);
```

本例执行过程如下：第一，在 balance_sheet 表中找到长期负债等于 NULL 的公司编号；第二，在 enterprise 表中取出公司编号不在集合中的公司情况，作为结果表。

五、集合查询

SELECT 语句执行的结果是元组的集合，因此多个 SELECT 语句的结果集可以进行集合操作。集合操作主要包括并(UNION)、交(INTERSECT)、差(EXCEPT)。与集合代数中的操作一样，这里的集合操作也要求各 SELECT 的查询结果集列数必须相同，并且对应列的数据类型也必须相同。

【例 2-30】资产负债表中查询公司编号为"4781"或"4782"公司的 id 的编号。

```
SELECT 公司编号
    FROM balance_sheet
    WHERE 公司编号='4781'
UNION
SELECT 公司编号
    FROM balance_sheet
    WHERE 公司编号='4782';
```

第三章　Python 基础

【章节导读】

在当前，数字经济已成为全球经济发展的主要动力之一，数字化转型已成为国家和企业的重要战略方向。作为一种强大的编程语言，Python 在数字经济时代的重要性日益凸显。

在政府层面，Python 编程技能的应用可以帮助政府部门提高数据处理和分析效率，实现政府数据资源的共享和应用。政府数据的开放与共享，需要有一支具备 Python 编程技能的专业团队来进行数据处理、分析和可视化，为政府决策提供科学依据。

在企业领域，Python 编程技能更是被广泛应用于数据科学、人工智能、机器学习等领域。通过 Python 编程，企业可以对海量数据进行分析和挖掘，发现商业机会、优化运营、提升用户体验，从而实现数字化转型和智能化发展。

因此，掌握 Python 编程技能对于个人职业发展和国家经济转型具有重要意义。本章将通过介绍 Python 的开发环境，使读者了解 Python 的应用基础；介绍 Python 程序入口、基本编程规范、程序控制流程结构等使读者掌握 Python 基础知识；系统介绍 Python 数据结构、Python 函数和类、Python 文件基础，帮助读者快速掌握 Python 编程技能，为个人发展和社会进步贡献力量。

【知识框架】

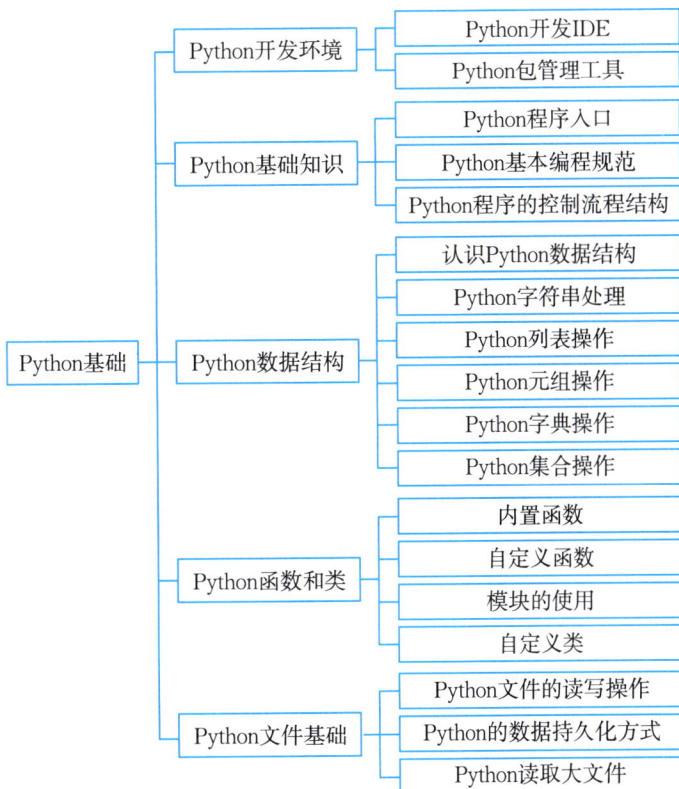

【章节目标】

知识目标：了解 Python 的开发环境、Python 基本语法规则，包括变量、数据类型、运算符等；掌握条件语句(if 语句)、循环语句(for 循环、while 循环)等流程控制结构；理解函数的定义和调用，以及模块的导入和使用；了解 Python 文件的读写操作、数据持久化方式和大文件读取等。

能力目标：能够利用 Python 语言解决简单的问题，设计并编写基本的程序；掌握使用 Python 进行数据处理和分析的基本方法，如列表推导式、字典操作、文件读写等；能够将程序模块化，实现代码的复用和维护；能够使用面向对象的方法设计和实现程序，提高代码的可读性和可维护性。

素养目标：培养通过编程解决问题的能力，提高逻辑思维和分析能力；通过学习 Python 编程，培养创新思维，能够灵活运用编程技术解决实际问题；通过参与项目开发或协作编程，培养团队协作意识和能力；培养编写规范、清晰、可维护的代码的意识，提高代码质量和可读性。

第一节　Python 开发环境

Python 是一门跨平台、开源、免费的解释型高级动态编程语言，是一个高层次的结合了解释性、编译性、互动性和面向对象的脚本语言。Python 的设计具有很强的可读性，相比其他语言经常使用英文关键字或一些标点符号，它具备更有特色的语法结构。Python 语法简单、易读，更适合初学者学习。

在编写 Python 程序之前，需要先在用于开发的个人电脑上安装配置好 Python 的 IDE(集成开发环境)软件并按照抓取需求安装相关 Python 依赖包。

一、Python 开发 IDE

(一)IDLE 介绍

IDLE 是 Python 官方的 IDE(见图 3-1)，它完全是用 Python 编写的，是安装好 Python 环境之后默认自带的 IDE 工具。由于其简单性，IDLE 被认为非常适合教育行业，它还提供了一些显著的功能，例如：①具有语法高亮显示的 Python Shell 的可用性；②多窗口文本编辑器；③程序动画或步进(指一次执行一行代码)；④断点可用于简化调试；⑤调用堆栈清晰可见。

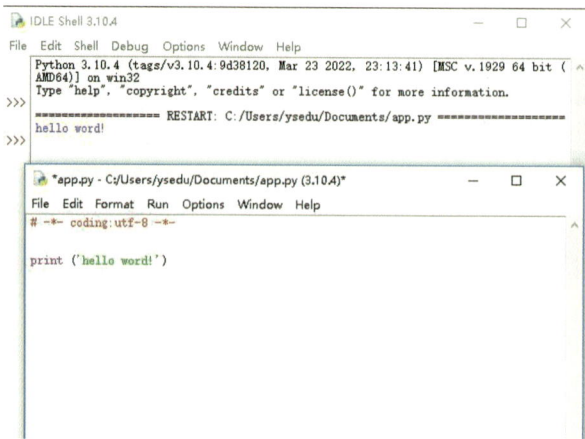

图 3-1　Python 系统界面

相对于其他 Python 开发环境而言，IDLE 确实有点简陋，但它已经具备了 Python 应用开发的几乎所有功能，并且也不需要过于复杂的配置，因此得到用户的喜爱。

(二)开源工具

Anaconda 指的是一个开源的 Python 发行版本(见图 3-2)，其包含了 conda、Python 等 180 多个科学包及其依赖项。因为 Anaconda 包含了大量的科学包，它的下载文件比较大(约 515MB)，如果只需要某些包，或者需要节省带宽或存储空间，也可以使用 Miniconda 这个较小的发行版(仅包含 conda 和 Python)。

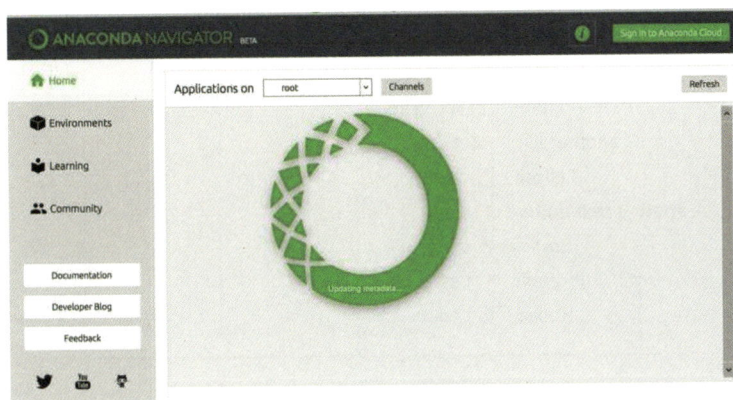

图 3-2　Anaconda 系统界面

(三)PyCharm

PyCharm 是一种 Python IDE(见图 3-3)，带有一整套可以帮助用户在使用 Python 语言开发时提高其效率的工具，如调试、语法高亮、Project 管理、代码跳转、智能提示、自动完成、单元测试、版本控制等。此外，Pycharm 提供了一些高级功能，以用于支持 Django 框架下的专业 Web 开发。

PyCharm 是由 JetBrains 打造的一款 Python IDE，VS2010 的重构插件 Resharper 就是出自 JetBrains 之手，同时支持 Google App Engine 和 IronPython。这些功能在先进代码分析程序的支持下，使 PyCharm 成为 Python 专业开发人员和刚起步人员使用的有力工具。

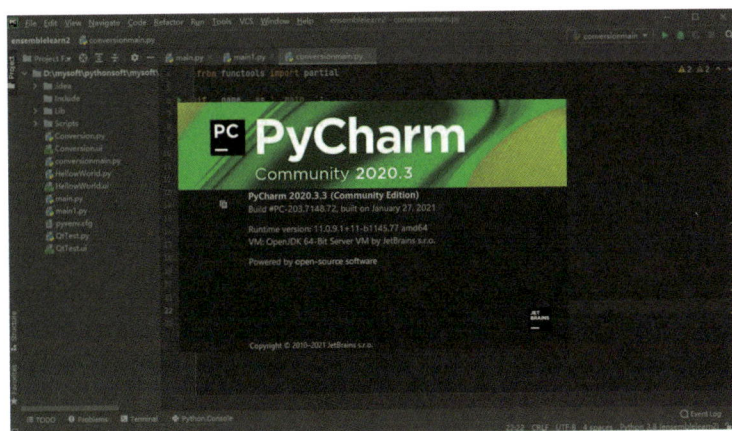

图 3-3　PyCharm 系统界面

(四)Python IDE 和编辑器排行

Python 有多款流行的 IDE/Editors。数据挖掘领域的国际顶级会议 KDD 的联合创始人格雷戈里·皮亚特斯基-夏皮罗(Gregory Pratetskv-Shapiro)在 2018 年通过投票调查了 1 900 多人，选出了几种最流行的 IDE 和编辑器。调查结果如图 3-4 所示。

Most Popular Python IDE, Editors

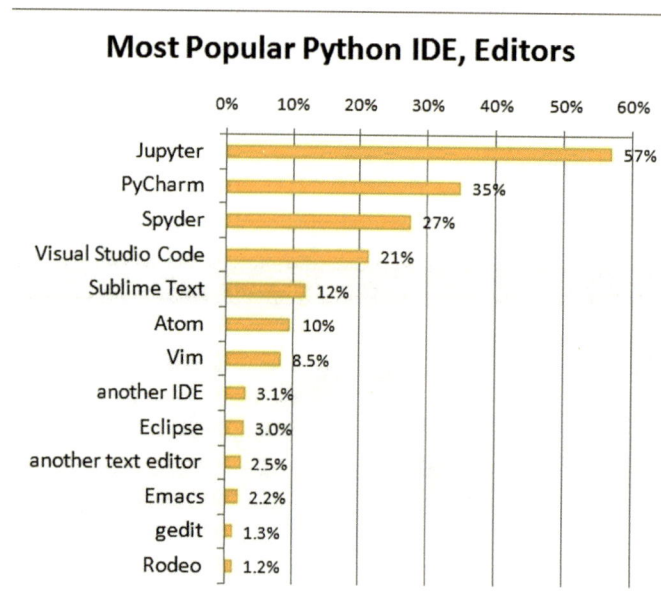

图 3-4　最受欢迎的 Python IDE/Editors

结果显示，全球最受欢迎的编辑器是 Jupyter，有 57％的人投票；排第二的是 PyCharm，为 35％；第三是 Spyder，为 27％。

其中最受欢迎的 Jupyter 是一个允许用户创建和共享文件的交互式笔记本，支持 Markdown 和 Python 代码的编写，并能直接运行，运行结果在代码下方展示。Jupyter 是以网页应用的形式来提供使用的，非常轻量级，方便使用。

另外，PyCharm 由捷克公司 JetBrains 开发，是一个特定于 Python 的 IDE，也是一个跨平台的 IDE。因此，用户可以根据自己的需要下载任何 Windows、Mac 或 Linux 版本来使用。可以说，PyCharm 被认为是 Python 最好的 IDE 之一。

而 Spyder 是 Pierre Raybaut 于 2009 年开发的开源、跨平台 IDE，主要为数据分析师和科学家设计，被认为是一个用 Python 编写的强大的科学开发 IDE。

二、Python 包管理工具

Pip 是一个通用的 Python 包管理工具，可以安装和管理软件包，另外不少的软件包也可以在"Python 软件包索引"中找到。Pip 的其中一个主要特点就是其方便使用的命令行接口。提供了对 Python 包的查找、下载、安装、卸载的功能，它已内置于 Python3.4 和 Python2.7.9 及以上版本。

使用 Pip 时，我们会发现有 pip 和 pip3 两种命令。如果安装了 Python3，就会有 pip3 命令；如果安装了 Python2，pip 命令则默认给 Python2 用。

在通过 pip 卸载或删除 Python 软件包之前，我们可以使用 pip list 命令查询已安装的 Python 软件包。我们还可以使用 pip show 命令显示给定的软件包完整信息，这在卸载之前很有用。最后，我们再使用 pip uninstall 命令来卸载软件包。

Pip 命令使用说明的具体内容包括：①pip install 安装软件包时，可以通过＝＝指定版，若不指定则默认安装最新版本；②pip show 和 uninstall 命令执行时，后面还需要带上软件包名称；③pip uninstall 命令增加-y 参数可以自动确认卸载；④卸载软件包时并不会卸载其依赖的软件包。

Pip 采用 pip install 命令安装软件包时，使用默认的源会比较慢，我们一般需要配置国内源来加速。加速方法有两种。一种为在 install 命令后面增加-i 参数，命令示例如下。

```
pip install xxx -i http://mirrors.aliyun.com/pypi/simple/
```

另一种则是增加 pip 的配置文件 pip/pip. ini，来配置加速地址，配置文件内容如下。

```
[global]
trusted-host = mirrors.aliyun.com
index-url = http://mirrors.aliyun.com/pypi/simple/
```

第二节　Python 基础知识

开发 Python 应用程序时，我们需要先实现程序入口及主流程。

一、Python 程序入口

程序入口定义，我们一般会创建一个入口模块，比如 main. py，模块中我们一般会定义多个类及方法，对于程序入口，我们会增加一个 if 判断，如下。

```
if __name__ = = '__main__':
    main()
```

其含义为如果执行该程序，将以 main 作为入口来执行。因为__name__的值在当前运行的程序时，其值为__main__；而导入当前程序中的模块时，其值为对应模块名。

二、Python 基本编程规范

Python 的基本编程规范有以下八点。

(一)文件编码

在程序文件的开头需要声明文件编码，格式如下。

```
# - * - coding:utf - 8 - * -
```

(二)缩进规则

Python 使用缩进来区分不同的代码块，所以对缩进有严格要求，建议统一使用 4 个空格进行缩进。

(三)注释部分

单行注释使用 # 开头，并且建议 # 号后空一格。三个单引号(''')或三个双引号(''''')表示多行注释。

(四)空行

空行分单空行和双空行，双空行用于编码格式声明、模块导入、常量和全局变量声明、定级定义(类的定义)和执行代码之间，单空行用于方法定义之间及方法内分隔某些功能的位置。

(五)模块导入

导入应该放在文件顶部，位于模块注释和文档字符串之后，模块全局变量和常量之前。从最通用到最不通用的顺序分组，分组之间空一行，依次为：标准库导入；第三方库导入；应用程序指定导入。每个 import 语句只导入一个模块，尽量避免一次导入多个模块。

(六)命名规范

Python 程序的命名规范主要有以下四点：①模块文件名尽量使用小写命名，首字母保持小写，尽量不要用下划线；②类名使用驼峰(CamelCase)式命名，私有类可用一个下划线开头；③函数名、变量名一律小写，多个单词用下划线分隔，私有函数用一个下划线开头；④常量采用全大写，多个单词使用用下划线分隔。

(七)引号

打印输出语句中可用单/双引号，正则表达式推荐使用双引号，文档字符串建议使用三个双引号。

(八)多行一个语句

一般情况下是一行写。可以实现一个长语句的换行，又不至于被机器识别成多个语句。

```
>>>total = applePrice + \
...             bananaPrice + \
...             pearPrice
```

但是 Python 中在[ ]、{ }、( )里面的多行语句在换行时是不需要使用反斜杠(\ )的。

```
>>>total = [applePrice,
...             bananaPrice,
...             pearPrice]
```

一行多语句，通常在短语句中应用比较广泛。使用分号(;)对多个短语句实现隔离，就可以在同一行实现多个语句。

```
>>>applePrice = 8; bananaPrice = 3.5; pearPrice = 5
```

三、Python 程序的控制流程结构

Python 程序的控制流程一般分为顺序结构、选择结构、循环结构三种结构。其中：①顺序结构，即自上而下运行，逐条执行；②选择结构，为对条件进行判断，然后选择性执行语句；③循环结构，为对条件进行判断，然后循环执行语句。下面主要介绍 Python 程序控制流程的选择结构和循环结构。

(一)选择结构

选择结构语句使用的关键字为 if，if 语句实现条件分支，需要用到布尔表达式，格式如下。

```
if 布尔表达式1：
    分支
```

需要注意的是，每个条件后面要使用冒号(:)，表示接下来是满足条件后要执行的语句块。使用缩进来划分语句块，相同缩进数的语句在一起组成一个语句块。其中，布尔表达式的标准值 False 和 None，数字 0 和所有空序列都为 False，其余的单个对象都为 True。在表达式运算的过程中，True 会被视为数值 1，False 会被视为数值 0，这与其他编程语言是相似的。逻辑表达式是布尔表达式的一种，逻辑表达式指的是带逻辑操作符或比较操作符(如＞或＝＝)的表达式。

(二)循环结构

顺序结构和选择结构语句的程序都是一条一条语句顺序进行，如果要让程序重复地做一件事情，就只能重复地写相同的代码，操作比较烦琐。此时需要掌握一个重要的方法——循环，循环使用到的关键字主要为 for 和 while。使用循环在一定情况下可以使代码运行效率更高。

for 循环在 Python 中是一个通用的序列迭代器，可以遍历任何有序的序列，如字符串、列表、元组等(见图 3-5)。程序语言的学习是一个循环的过程，与其他学科不同，程序语言的知识是相互紧扣的。Python 中的 for 语句接受可迭代对象，如序列和迭代器作为其参数，每次循环调取其中一个元素。Python 的 for 循环看上去像伪代码，非常简洁。

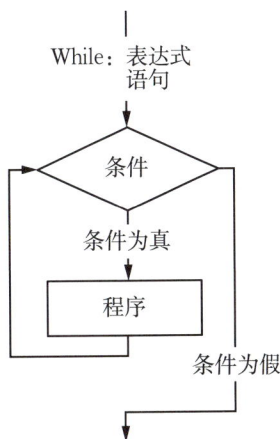

图 3-5　for 循环

while 循环也是最常用的循环之一，Python 编程中 while 语句用于循环执行程序，即在某条件下，循环执行某段程序，以处理需要重复处理的相同任务。格式如下。

```
while 布尔表达式:
    程序段
```

流程示意图如图 3-6 所示。

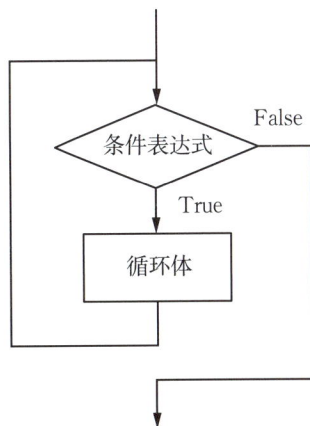

图 3-6　while 循环

只要布尔表达式为真，那么程序段将会被执行，执行完毕后，再次计算布尔表达式，如果结果仍然为真，那么再次执行程序段，直至布尔表达式为假。

第三节 Python 数据结构

一、认识 Python 数据结构

Python 中的绝大部分数据结构可以被最终分解为序列（sequence）、映射（mapping）和集合（set）三种类型，这些是数据存储时所需的基本单位。

序列是 Python 中最为基础的内建类型，它分为七种类型：列表（list）、字符串（string）、元组（tuple）、Unicode 字符串、字节数组、缓冲区和 xrange 对象。常用的有列表、字符串、元组。

映射在 Python 中的实现是数据结构字典（dictionary）。作为第三种基本单位，映射的灵活使得它在多种场合中都有广泛的应用和良好的可拓展性。

集合是独立于标量、序列和映射之外的特殊数据结构，它支持数学理论的各种集合的运算。它的存在使得用程序代码实现数学理论变得方便。

Python 有四个内建的数据结构，它们可以统称为容器（container），因为它们实际上是一些"东西"组合而成的结构，而这些"东西"可以是数字、字符甚至列表，或是三者的组合（见图 3-7）。

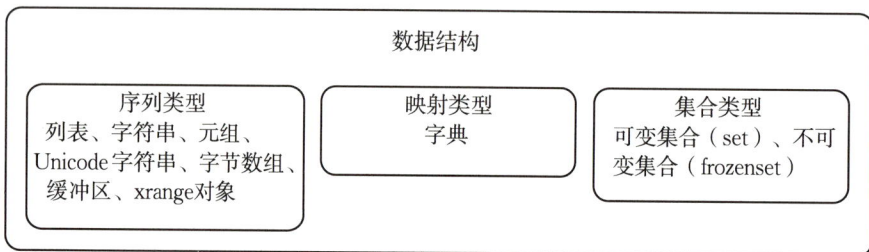

图 3-7 数据结构

Python 数据类型分为可变数据类型和不可变数据类型。其中，列表、字典、集合为可变数据类型，数字、字符串、元组为不可变数据类型。①可变数据类型。可变数据类型是指可以直接对数据结构对象的内容进行修改（并不是重新对对象赋值操作），即可以对数据结构对象进行元素的赋值修改、删除或增加等操作。由于可变数据类型对象能直接对自身进行修改，所以修改后的新结果仍与原对象引用同一个 id 地址值，即由始至终只对同一个对象进行了操作。②不可变数据类型。与可变数据类型不同，不可变数据类型不能对数据结构对象的内容进行修改操作（对对象当中的元素进行增加、删除和赋值修改）。若需要对对象进行内容修改，则需要对其变量名进行重新赋值，而赋值操作会把变量名指向一个新对象，新旧对象两者引用两个不同的 id 地址值。

二、Python 字符串处理

我们对解析结果字符串的处理常用的有：①字符串切割子串，它和数组的切割子数组类似，可以直接使用[x:y]、[x:]或[:y]的方式来取子串。其中 x 和 y 为数值，代表下标要切割的起始、结束下标值。如果使用负数，则为从字符串结尾开始反向计算下标位置，如' abc '[1:]和' abc '[−2:]的结果均为' bc '。②字符串两边的空格去除可以使用 strip 方法，如' \tab\r\n'. strip()的结果为'ab '。

三、Python 列表操作

列表的操作可以通过以下示例来理解。

```
all_list =[1,'word',{'like':'python'},True,[1,2]]
all_list = list((1,'word',{'like':'python'},True,[1,2]))
```

基本操作如下。

➤ 长度：len(all_list)

➤ 计数：all_list.count('word')

➤ 下标：all_list.index('word')

➤ 反转：all_list[::-1] 或 all_list.reverse()

➤ 合并：list1+list2

➤ 重复：all_list * 3

➤ 判断元素是否存在：'word' in all_list

➤ 切片与索引：all_list[0]

all_list[-4]

all_list[1:4]

all_list[:3]

另外，列表的内建函数主要如表 3-1 所示。

表 3-1　列表的内建函数

函数名称	函数说明
list.append(x)	添加一个元素 x 到列表 list 的末尾
list.extend(L)	将参数中的列表 L 添加到自身的列表 list 的末尾
list.insert(i,x)	在下标为 i 的位置前插入一个元素
list.remove(x)	删除列表第一个值为 x 的元素。如果没有这样的元素会报错
list.pop(i)	删除列表指定位置的元素并返回它。如果不输入这个参数，将删除并返回列表最后一个元素
list.count(x)	统计元素 x 出现的次数
list.reverse()	反转列表中的元素
list.index(x)	返回列表第一个值为 x 的元素的下标。如果没有这样的元素会报错
list(enumerate(list))	将 list 列表中每个元素的下标与对应元素合成新元素(i,list[i])
print ([i for i,x in enumerate (list) if x == 3])	找出所有元素 x 为 3 的下标
list.sort()	对原列表进行排序，不能重新赋值
new_list = list.sorted()	对原列表进行排序，可以重新赋值

四、Python 元组操作

元组与列表和字符串一样，是序列的一种。而元组与列表的唯一不同是元组不能修改，元组和字符串都具有不可变性。列表的可变性能更方便地处理复杂问题(如更新动态数据等)，但很多时候不希望某些处理过程修改对象内容，如敏感数据，这就需要元组的不可变性。

元组的操作可以通过以下示例来理解。

```
tup = ('Google','Runoob',1997,2000)
tup1 = (50,)                    ♯ 元组中只包含一个元素时,要在元素后面添加逗号
```

基础操作如下。

- ➤ 长度：len(tup)
- ➤ 计数：tup. count('Google')
- ➤ 下标：tup. index('Google')
- ➤ 反转：tup[::−1]
- ➤ 合并：tup1＋tup2
- ➤ 重复：tup ＊ 3
- ➤ 判断元素是否存在：'Google' in tup
- ➤ 切片与索引：tup[0]

  tup[1:4]

  tup[:3]

- ➤ 元组解包：A,B,C,D＝tup   ♯ 将元组中各元素分别赋值给对应变量

另外，元组的内建函数主要如表 3-2 所示。

表 3-2 元组的内建函数

函数名称	函数说明
tuple. count( )	记录某个元素在元组中出现的次数
tuple. index( )	获取元素在元组当中第一次出现的位置索引
sorted( )	创建一个对元素进行排序后的列表
len( )	获取元组长度，即元组元素个数
＋	将两个元组合并为一个元组
＊	重复合并同一个元组为一个更长的元组

五、Python 字典操作

字典是基础数据结构映射的一种。序列是按照顺序来存储数据的，而字典是通过键存储数据的。字典的内部实现是基于二叉树(binary tree)的，数据没有严格的顺序。字典将键映射到值，通过键来调取数据。如果键值本来是有序的，那么我们不应该使用字典，直接用列表['A','B','C']即可。

字典的效率比列表差得多，但是在很多情形下，字典比列表更加适用。如我们手机的通讯录(假设人名均不相同)可以使用字典实现，把人的名字映射到一个电话号码，由于名字是无序的，不能直接用一个列表实现，使用字典直接高效。

字典的操作可以通过以下示例来理解。

```
code = {'BIDU':'Baidu','SINA':'Sina','YOKU':'Youku'}
code = dict([('BIDU','Baidu'),('SINA','Sina'),('YOKU','Youku')])
```

字典的增删改查和常用操作方式如下。

➤ 插入

　　code['QQ'] = 'tengxun'

　　code. update({'FB':'Facebook','TSLA':'Tesla'})

➤ 删除

　　del code['FB']

　　code_QQ = code. pop('QQ')

　　code. clear()　　♯　清空

➤ 修改(赋值)

　　code['YOKU'] = 'Youku'

➤ 查找

　　code['FB']

➤ len()测量字典中，键值对的个数

　　len(code)

➤ keys 返回一个包含字典所有 KEY 的列表

　　code. keys()

➤ values 返回一个包含字典所有 value 的列表

　　code. values()

➤ items 返回一个包含所有(键，值)元祖的列表

　　code. items()

另外，字典在赋值前一般会先判断其 key 是否存在，如果存在则读取后更新。我们可以使用字典的 has_key 方法来判断字典键是否存在。在字典值也为字典的多级字典中，我们也可以使用 get 方法来获取字典键的值，如果不存在则返回预设的默认值。更新返回的默认值后，再重新赋值给原有的键。

如字典 a 的 key 键初始化方式如下。

```
a[key] = a. get(key,{})
```

六、Python 集合操作

Python 有一种特殊的数据类型称为集合。因为它既不是序列也不是映射类型，更不是标量。集合是自成一体的类型。集合是唯一的，不可变的对象是一个无序集合。

```
set1 = set([2,3,1,4,False,2.5,'one'])
set2 = {'A','C','D','B','A','B'}                     ♯ 创建可变集合
set3 = frozenset([3,2,3,'one',frozenset([1,2]),True])   ♯ 创建不可变集合
```

集合能够通过表达式操作符支持一般的数学集合运算。这是集合特有的操作，序列和映射不支持这样的表达式。集合的主要操作如下。

(一)集合的并集

由属于集合 A 或集合 B 的所有元素组成的集合，称为集合 A 和 B 的并集(见图 3-8)，数学表达式为 $A \cup B = \{x \mid x \in A \text{ 或 } x \in B\}$。在 Python 中可以使用符号"$|$"或集合方法 union 函数来得出两个集合的并集。

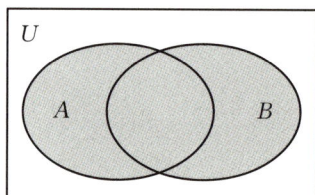

图 3-8 并集

Python 代码操作如下。

```
A = {'足球','游泳','羽毛球','乒乓球'}
B = {'篮球','乒乓球','羽毛球','排球'}
A|B                        # 使用符号'|'获取并集
A.union(B)                 # 使用集合方法 union 函数获取并集
```

(二)集合的交集

同时属于集合 A 和 B 的元素组成的集合，称为集合 A 和 B 的交集(见图 3-9)，数学表达式为 $A \cap B = \{x \mid x \in A \text{ 且 } x \in B\}$。可以利用符号"$\&$"或集合方法 intersection 函数来获取两个集合对象的交集。

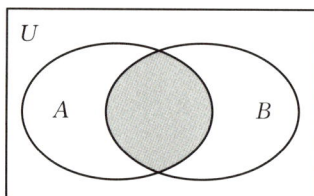

图 3-9 交集

Python 代码操作如下。

```
A = {'足球','游泳','羽毛球','乒乓球'}
B = {'篮球','乒乓球','羽毛球','排球'}
A&B                        # 使用符号'&'获取交集
A.intersection(B)          # 使用集合方法 intersection 函数获取交集
```

(三)集合的差集

属于集合 A 而不属于集合 B 中的元素所构成的集合，称为集合 A 减集合 B，数学表达式为 $A - B = \{x \mid x \in A, x \notin B\}$。这个集合也称为集合 A 与集合 B 的差集(见图 3-10)。反过来，也有差集 $B - A =$

$\{x \mid x \in B，x \notin A\}$。在 Python 中可以简单地使用减号"－"来得到相应的差集，或者可以通过集合方法 difference 函数来实现。

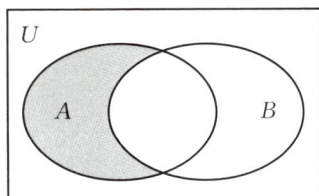

图 3-10 差集

Python 代码操作如下。

```
A = {'足球','游泳','羽毛球','乒乓球'}
B = {'篮球','乒乓球','羽毛球','排球'}
A－B                        ＃ 使用减号"－"来获取差集
A.difference(B)            ＃ 使用集合方法 difference 函数获取差集
```

(四)集合的异或集

属于集合 A 或集合 B，但不同时属于集合 A 和 B 的元素所组成的集合，称为集合 A 和 B 的异或集(见图 3-11)，其相当 $(A \cup B)-(A \cap B)$。利用符号"^"或集合方法 symmetric_difference 函数即可求出两个集合对象的异或集。

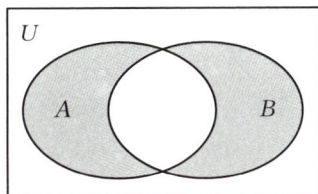

图 3-11 异或集

Python 代码操作如下。

```
A = {'足球','游泳','羽毛球','乒乓球'}
B = {'篮球','乒乓球','羽毛球','排球'}
A^B                                ＃ 获取异或集
A.symmetric_difference(B)          ＃ 使用集合方法 symmetric_difference 函数获取异或集
```

第四节　Python 函数和类

一、内置函数

Python 有着丰富的内置函数库，常用的内置函数有日期格式化函数、数值计算函数等。

(一)Python 日期格式化函数

Python 日期格式化使用 time 库的 strftime 方法，其使用语法为 time.strftime(fmt,tupletime)，把

时间元组格式化，其中第一个参数是格式化字符串，第二个参数是时间元组。格式化字符串的时间占位符含义如表 3-3 所示。

表 3-3　Python 日期格式化占位符表

占位符	时间含义
%y	两位数的年份表示(00~99)
%Y	四位数的年份表示(0000~9999)
%m	月份(01~12)
%d	月内的一天(01~31)
%H	24 小时制小时数(00~23)
%I	12 小时制小时数(01~12)
%M	分钟数(00~59)
%S	秒(00~59)
%a	本地简化的星期名称
%A	本地完整的星期名称
%b	本地简化的月份名称
%B	本地完整的月份名称
%c	本地相应的日期表示和时间表示
%j	年内的一天(001~366)
%p	本地 A. M. 或 P. M. 的等价符
%U	一年中的星期数(00~53)，星期天为星期的开始
%w	星期(0~6)，星期天为星期的开始
%W	一年中的星期数(00~53)，星期一为星期的开始
%x	本地相应的日期表示
%X	本地相应的时间表示
%Z	当前时区的名称，如 CST
%z	当前时区，格式为＋0800
%%	%号本身

(二)Python 数值计算函数

Python 提供了许多用于数值计算的函数和库。其中一些最常用的包括以下具体内容。

1. math 模块

math 模块提供了一系列数学函数，如三角函数、对数函数、指数函数等。

```python
import math

# 示例：计算正弦值
x = 0.5
sin_x = math.sin(x)
print(sin_x)
```

2. numpy 库

numpy 库提供了用于数组操作和数学运算的功能，特别适合于科学计算。

```python
import numpy as np

# 示例：计算数组的平均值
arr = np.array([1, 2, 3, 4, 5])
mean = np.mean(arr)
print(mean)
```

3. scipy 库

scipy 库建立在 numpy 之上，提供了更高级的科学计算功能，如优化、统计、积分等。

```python
from scipy.optimize import minimize

# 示例：最小化一个函数
def func(x):
    return x**2 + 3*x + 4

result = minimize(func, 0)
print(result.x)
```

4. matplotlib 库

matplotlib 库用于绘制图表和可视化数据。

```python
import matplotlib.pyplot as plt

# 示例：绘制正弦函数图像
x = np.linspace(0, 2*np.pi, 100)
y = np.sin(x)
plt.plot(x, y)
plt.show()
```

二、自定义函数

Python 支持自定义函数，即将一段有规律的、可重复使用的代码定义为函数，达到一次编写、多次使用的目的。

(一)自定义函数概念

Python 中定义函数的语法如下。

```python
1  def functionName(formalParameters):
2      functionBody
```

第一，functionName 是函数名，可以是任何有效的 Python 标识符。

第二，formalParameters 是形式参数列表，在调用该函数时通过给形参赋值来传递调用值。形参可以是 0 个、1 个或多个；当是多个形参时，各个参数由逗号分隔。具体如下。

```python
1  '''
2  函数功能的说明
3  函数原理的说明
4  函数实现过程的说明等
5  '''
6  def myfunction1(formalParameter1,formalParameter2, formalParameter3):
7      functionBody
```

第三，functionBody 是函数体，是函数每次被调用时执行的一组语句，可以由一个语句或多个语句组成。函数体一定要注意缩进。函数体内容不可为空，可用 pass 来表示空语句。

第四，函数注释内容，函数通常使用 3 个单引号''注释内容''来说明本函数的作用和实现原理等。

（二）定义函数注意事项

第一，函数定义必须放在函数调用前，否则编译器会由于找不到该函数而报错。

第二，返回值不是必需的，如果没有 return 语句，则 Python 默认返回值 None。

三、模块的使用

Python 社区提供了大量的第三方模块，使用方式与标准库类似。它们的功能无所不包，覆盖科学计算、数据挖掘(分析)、Web 开发、数据库接口、数据架构、机器学习、图形系统多个领域，并且大多成熟而稳定。借助于拥有基于标准库的大量工具，能够使用低级语言作为其他库接口使 Python 已成为一种强大的应用于其他语言与工具之间的胶水语言。

模块定义是指一般会以 .py 文件来定义模块，并在模块文件中定义类和函数。模块的实现中还可以引用其他模块，大多通过关键字 import 来实现，模块一般小写，类一般首字母大写，示例如下。

```python
# 导入内置的 os 模块
import os
# 从内置的 urllib 模块中导入 request 子模块
from urllib import request
# 从内置的 urllib 模块的子模块 error 中导入 URLError 类
from urllib.error import URLError
```

另外，我们也可以编写自定义模块，使用上述方法引入即可。

四、自定义类

在 Python 中，自定义类是一种用户定义的数据类型，用于表示特定类型的对象或数据结构。类是对象的蓝图或模板，它定义了对象的属性和方法。类中的属性表示对象的状态，而方法则定义了对象可以执行的操作。

下面是自定义类的一般格式。

```python
class ClassName:
    def __init__(self, parameter1, parameter2, ...):
        # 初始化方法，用于设置对象的初始状态
        self.attribute1 = parameter1
        self.attribute2 = parameter2
        # 其他属性初始化...

    def method1(self, parameter1, parameter2, ...):
        # 方法定义，用于定义对象的行为
        # 可以访问对象的属性和其他方法
        # 执行一些操作...

    def method2(self, parameter1, parameter2, ...):
        # 其他方法定义...
```

其中：①class ClassName 定义了一个类，名称以大写字母开头，按照惯例使用驼峰命名法。②def __init__(self,parameter1,parameter2,…)是一个特殊的方法，称为构造方法或初始化方法。在创建类的实例时自动调用，用于初始化对象的属性。③self 表示当前对象的引用，类中的方法通过 self 访问对象的属性和其他方法。④attribute1，attribute2 是对象的属性，用于表示对象的状态。⑤method1，method2 是对象的方法，用于定义对象的行为。

通过定义类和实现方法，可以创建具有特定属性和行为的对象。自定义类可以帮助组织代码、模拟现实世界中的问题，并提供灵活性和可重用性。

第五节　Python 文件基础

一、Python 文件的读写操作

Python 在文件读写操作时，一般使用内置函数来进行，也可以使用封装好的 Pandas 库来完成文件读写相关操作。

内置的文件读写操作函数主要有 open( )、read( )、readline( )、readlines( )、write( )、writelines( )、close( )，而 Pandas 库的相关函数主要有 read_csv( )、to_csv( )、read_excel( )、to_excel( )、read_json( )、to_json( )。

内置函数读写文件的流程一般为打开文件、读/写文件、关闭文件。打开文件的方式如表 3-4 所示。

表 3-4　Python 打开文件方式

模式	介绍
r	以"只读"模式打开文件，如果指定文件不存在，则会报错，默认情况下文件指针指向文件开头
w	以"只写"模式打开文件，如果文件不存在，则根据 filename 创建相应的文件，如果文件已存在，则会覆盖原文件
a	以"追加"模式打开文件，如果文件已存在，文件指针会指向文件尾部，将内容追加在原文件后面，如果文件不存在，则会新建文件且写入内容
t	以"文本文件"模式打开文件
b	以"二进制"模式打开文件，主要用于打开图片、音频等非文本文件
＋	打开文件并允许更新(可读可写)，也就是说，使用参数 w＋、a＋也是可以读入文件的，在使用的时候，需要注意区别

而 Pandas 库函数的读写操作就比较简易，方法调用就完成了操作及数据对象的处理转换，读文件后直接得到 DataFrame 对象，对象操作和字典数组比较类似。

二、Python 的数据持久化方式

Python 的数据持久化方式有很多种，比较好用又相对轻量级的有 JSON 和 Pickle，他们的主要方法均为 dumps( )和 loads( )。而对于重量级的数据持久化方式，基本围绕数据库来作，如关系型数据库 MySQL、文档型数据库 MongoDB 等。

JSON 是文本形式的数据持久化存储，广泛应用于各个领域，特别是 web 服务应用，它只能 dump 一些 Python 的内置对象。

Pickle 常用于二进制形式的数据持久化，是 Python 独有的持久化方式，它能把 Python 对象直接保存到文件中，而不需要先把它们转化为字符串再保存。

三、Python 读取大文件

使用 Python 内置函数进行文件读取时，我们会通过 open( )的 r 模式打开文件，获取文件句柄对象后，我们会使用 read( )方法直接读取文件的全部内容到内存对象中。但大文件使用这种方式读文件，内存无法一次性加载所有内容。我们可以通过如下三种方法来循环读取处理大文件：①采用 read(size)方法，指定每次读取的内容字节大小；②采用 readline( )方法，按行读取文件内容；③如果不是从头读取大文件内容，需要从指定位置读取，可以通过 seek(p,0)方法指定偏移量 p 开始读取，其中第二个参数 0 代表从文件头开始偏移，还支持 1 代表从当前位置开始偏移，2 代表从文件末尾开始偏移，此时第一个参数可以是 0 或负数。

1＋X 数据分析师

1＋X 证书是教育部、工业和信息化部联合颁发的高级职业技能认证，旨在培养具有实践能力和创新能力的高素质技能型人才。其中，数据分析专业是 1＋X 证书中的热门专业之一。大数据的产生源于日常生活、企业运营、科学研究等各个领域的数据积累，这些数据包含了丰富的信息和潜在的价值。数据分析师通过运用统计学、机器学习和人工智能等技术手段，对大数据进行分析和解读，从而揭示数据背后的规律和趋势。

数据分析师证书由工业和信息化部教育与考试中心颁发，是当下中国具有含金量的数据分析领域认证证书之一，也是行业高共识度的数字化人才认证。发放它的目的是适应大数据时代要求，加强建设正规化、专业化、职业化的数据分析师人才队伍，从而进一步提升我国数据分析师的职业素质和能力水平，提升全民数字技能，助力企业数字化转型，推动行业数字化发展。

第四章　财务领域大数据

【章节导读】

随着信息化和数字化的深入发展，财务领域也逐渐迈入了大数据时代。相较于传统的企业财务管理，大数据背景之下的数据分析则体现出更加健全、精确的市场数据分析功能特点，从而使得企业在财务管理方面的工具更加智能化，进而实现高效而科学的财务决策。

在大数据时代，非财务数据的获取变得越来越容易，非结构化数据的应用越来越广泛，分析数据不再局限于结构化的财务数据，而是越来越多的非结构化数据被用于企业的财务分析、财务预测和财务决策。本章主要介绍会计数据特征的提取，运用大数据思维和常用数据分析思维分析会计问题，为企业服务。通过本课程，学习者可加深对会计大数据的理解，了解分析方法及分析思维方式。

【知识框架】

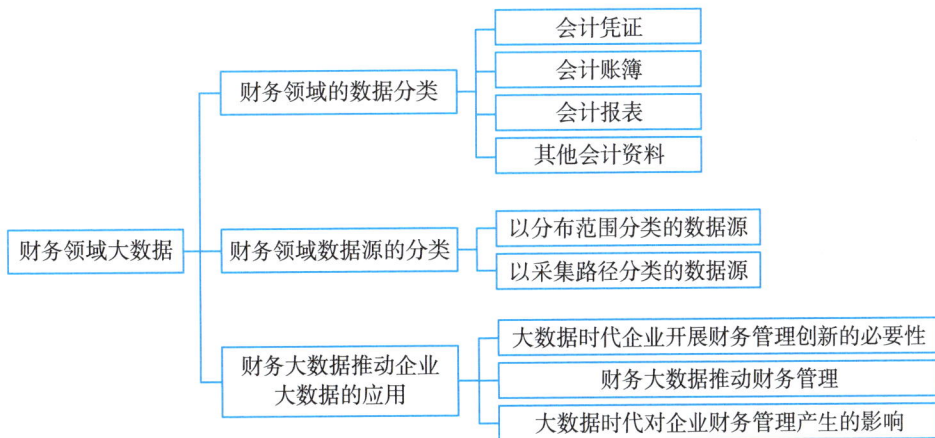

【章节目标】

知识目标：了解财务领域的数据特征、财务领域的数据分类；掌握财务数据的类型、来源、结构等基本特征，包括会计凭证、会计账簿、会计报表等；掌握财务领域数据源的分类方法；掌握财务大数据的采集范畴及数据源的扩展、财务大数据应用流程；了解大数据时代财务管理创新的必要性、对财务决策的影响。

能力目标：具备收集、清洗、整理财务数据的能力，以确保数据的准确性和完整性；具备使用数据分析技术对财务数据进行分析和建模的能力，发现数据背后的规律和趋势；能够利用可视化工具将财务数据呈现为直观、易懂的图表和报告，向利益相关方传达信息。

素养目标：培养对财务数据安全和隐私保护的意识，保护数据的安全和完整性；通过对财务数据的分析和应用，培养解决实际问题的能力和创新思维；培养与其他部门或团队合作的能力，有效沟通并共同解决财务数据分析中的问题；认识到财务数据分析领域的不断变化和发展，持续学习新知识和技能，保持专业素养的提升。

第一节　财务领域的数据分类

在传统的财务领域中，财务数据的主要来源是依据传统纸质的单据、发票、凭证及报表等，主要呈现为归档的会计资料。在《会计档案管理办法》中明确指出需要归档的会计资料包含以下四种类型。①会计凭证：电子发票等原始凭证、记账凭证。②会计账簿：总账、明细账、日记账、固定资产卡片及其他辅助性账簿。③会计报告：月度、季度、半年度、年度财务会计报告。④其他会计资料：银行存款余额调节表，银行对账单，纳税申报表，会计档案移交清册、保管清册、销毁清册，会计档案鉴定意见书及其他具有保存价值的会计资料。

一、会计凭证

凭证，全称会计凭证，是记录经济业务发生或完成情况、明确经济责任并以登记账簿为依据的书面证明。基于企业发生经济业务的复杂性，需将会计凭证按填制程序和用途分为原始凭证和记账凭证两类。

（一）原始凭证

原始凭证又称单据，用以记录已发生、执行或完成的经济业务，明确经济责任，作为记账依据的初始书面证明文件，是会计核算的原始依据，如采购的发货票、收货单、仓库领料单、银行结算凭证、各种报销单据等。原始凭证的基础内容包括名称、日期、接收单位的名称、经济业务的内容、填制单位签章、有关人员签章及凭证附件。基于原始凭证来源的不同，分为自制原始凭证和外来原始凭证两类。

1. 自制原始凭证

自制凭证指的是在经济业务发生、执行或完成时，由本企业单位经办人员自行填制完成的原始凭证。按自制原始凭证填制手续的差异，可分为一次凭证、累计凭证、汇总原始凭证和记账编制凭证四种。

（1）一次凭证。

一次凭证指的是一次性完成填制手续的会计凭证，包括只反映某一项或同时反映多项同类性质的经济业务。如原材料验收入库时仓库管理员填制的收料单、人员报销时填制的报销凭证等，均为一次凭证。

（2）累计凭证。

累计凭证指的是将一定期间内连续多次重复发生的同类经济业务，以期末累计数作为记账的原始凭证，如企业的限额领料单等。累计凭证的优势在于简化核算手续，起到成本管理的控制作用。

（3）汇总原始凭证。

汇总原始凭证指的是在会计核算工作中，将一定期间内的多份记录同类经济业务的原始凭证基于管理标准汇总编制的一张汇总凭证，将某项经济业务发生情况的会计凭证集中反馈，旨在简化记账凭证的编制工作，如现金收入总汇、收料凭证总汇等汇总原始凭证。

(4)记账编制凭证。

记账编制凭证指的是根据账簿记录和经济业务需求编制的一种自制原始凭证。记账编制凭证是根据账簿记录，把某项经济业务加以归类、整理而重新编制的一种会计凭证。

2. 外来原始凭证

外来原始凭证指的是同外单位企业发生经济往来关系时，从外单位取得的凭证。外来原始凭证都是一次凭证。如企业购买材料、商品时从供货单位取得的发货票，就是外来原始凭证。

(二)记账凭证

记账凭证是会计人员根据审核后的原始凭证或汇总原始凭证，用以确认经济业务应借、应贷的会计科目和金额而填制的会计凭证。由于原始凭证来源途径及种类繁多，格式不一，不能清晰地表明应记入的会计科目的名称和方向。因此需要根据原始凭证反映的不同经济业务加以归类和整理，填制具有统一格式的记账凭证，确定会计分录，并附上相关的原始凭证。基于记账凭证适用的经济业务，分为专用记账凭证和通用记账凭证两类。

1. 专用记账凭证

专用记账凭证是专门记录某类经济业务的记账凭证。基于专用凭证记录的经济业务与现金和银行存款的收付的关联性，又分为收款凭证、付款凭证和转账凭证三种。

(1)收款凭证。

收款凭证是用来记录现金和银行存款等货币资金收款业务的凭证，它是根据现金和银行存款收款业务的原始凭证填制的。

(2)付款凭证。

付款凭证是用来记录现金和银行存款等货币资金付款业务的凭证，它是根据现金和银行存款付款业务的原始凭证填制的。

(3)转账凭证。

转账凭证是用来记录与现金、银行存款等货币资金收付款业务无关的转账业务(即在经济业务发生时不需要收付现金和银行存款的各项业务)的凭证，它是根据有关转账业务的原始凭证填制的。

2. 通用记账凭证

在经济业务比较简明的经济单位，使用通用记账凭证来记录发生的各种经济业务，实现简化凭证的目的。基于记账凭证所涉及会计科目的单一情况，分为复式记账凭证和单式记账凭证两类。

(1)复式记账凭证。

复式记账凭证又称多科目记账凭证，要求将某项经济业务所涉及的全部会计科目集中填列在一张记账凭证上。复式记账凭证可以集中反映账户的对应关系，便于了解经济业务的全貌，了解资金的来龙去脉；便于查账，同时可以减少填制记账凭证的工作量，减少记账凭证的数量；但不便于汇总计算每个会计科目的发生额，不便于分工记账。上述收款凭证、付款凭证和转账凭证的格式都是复式记账凭证的格式。

（2）单式记账凭证。

单式记账凭证又叫作单科目记账凭证，要求将某项经济业务所涉及的每个会计科目分别填制记账凭证，每张记账凭证只填列一个会计科目，其对方科目只供参考，不据以记账。也就是把某一项经济业务的会计分录，按其所涉及的会计科目，分散填制两张或两张以上的记账凭证。

二、会计账簿

会计账簿是指由一定格式的账页组成，以会计凭证为依据，全面、系统、连续地记录各项经济业务的簿籍。企业通过将会计凭证中反映的经济内容记入相应账簿，可以全面反映会计主体在一定时期内所发生的各项资金运动，储存所需要的会计信息；通过账簿的设置和登记，既可以将企业不同的信息分门别类地加以反映，提供企业一定时期内经济活动的详细情况，也可以反映企业财务及经营成果状况。另外，通过会计账簿的设置，可以建立起账证、账账、账表之间的勾稽关系，可以检查、校正会计信息。

（一）基于账簿用途分类

基于账簿用途，会计账簿分为四类：序时账簿、分类账簿、联合账簿和备查账簿。

1. 序时账簿

序时账簿是按照业务发生的时间先后顺序，以日为单位连续登记的账簿。按照序时账簿登记内容不同又分为普通日记账和特种日记账两类。

普通日记账是用以登记记录企业经济业务的日记账。按照企业该日的经济业务的先后顺序，逐项编制会计分录，因而这种日记账又称通用日记账、分录日记账或分录簿。

特殊日记账是用以登记某一特定项目经济业务情况的日记账，如现金日记账、银行存款日记账等，在账簿中将该经济业务按其发生的先后顺序记入账簿中。

2. 分类账簿

分类账簿是基于账户分类对各项经济业务进行登记的账簿，简称分类账。按照账簿记录内容的详细程度，分为总分类账与明细分类账两类。

总分类账由一级账户设置，用以核算企业经济业务的总体概括内容。总分类账簿的金额与其所属的明细分类账簿的金额之和相等。

明细分类账由二级账户设置，用以核算企业经济业务的明细内容。在分类账簿中反映了资产、负债、所有者权益、费用成本和收入成果等增减变化的情况。明细分类账是对总账的补充和具体化，并受总分类账的控制和统驭。

3. 联合账簿

联合账簿是将日记账和分类账结合在一起的账簿。

4. 备查账簿

备查账簿是对部分未在日记账簿和分类账簿中记录或记录不全的事项进行补充登记的账簿。

（二）基于账簿外表形式分类

基于账簿外表形式，会计账簿分为三类：订本式账簿、活页式账簿和卡片式账簿。

订本式账簿是将许多账页装订成册的账簿，一般适用于重要的、具有统驭性的总分类账、现金日记账和银行存款日记账等。

活页式账簿是将分散的账页装在活页夹内，并且随时可以新增或移除账页的账簿。活页式账簿一般适用于明细分类账。

卡片式账簿是将一定数量的卡片式账页装存于专设的卡片箱中，账页可以根据需要随时增添的账簿。卡片式账簿一般适用于固定资产等的明细核算。

三、会计报表

会计报表是根据日常会计核算资料定期编制的，综合反映企业某一特定日期财务状况和某一会计期间经营成果、现金流量的总结性书面文件。它是企业财务报告的主要部分，是企业向外传递会计信息的主要手段。企业向外提供的会计报表包括资产负债表、利润表、现金流量表、资产减值准备明细表、利润分配表、股东权益增减变动表、分部报表和其他有关附表。

会计报表的作用包括：为评价企业经营业绩和改善经营管理提供重要信息；为国家经济管理机构进行宏观调控与管理提供必要信息；为投资者和贷款者进行决策提供有用信息。

四、其他会计资料

基于使用用途，其他会计资料分为银行存款余额调节表、纳税申报表、会计档案移交清册、会计档案保管册、会计档案销毁册、会计档案鉴定意见书六类。

(一)银行存款余额调节表

银行存款余额调节表是指在企业账面余额与银行对账单余额中对对方已收、本单位未收账项数额进行调整，作为调整双方余额确保一致的一种调节方法。

银行对账单是指企业与银行单位之间核对账务的联系单，记录企业业务往来，也可作为企业资金流动的依据，确认企业某一时间段内的资金规模，如验资、投资等。

(二)纳税申报表

纳税申报表是指由纳税人填写的，税务机关指定完成纳税申报程序的一种税收文书。它是纳税人履行纳税义务而定期向税务机关申报纳税期应缴税额时应填报的表格。

(三)会计档案移交清册

会计档案移交清册是单位会计管理机构在办理会计档案移交时，应当编制的清册。

(四)会计档案保管册

会计档案保管册是单位的会计机构或会计人员所属机构按照归档范围和归档要求，负责定期将应当归档的会计资料整理立卷、编制的清册。

(五)会计档案销毁册

会计档案销毁册是单位会计管理机构根据流程删除会计档案时，应当编制的清册。

(六)会计档案鉴定意见书

会计档案鉴定意见书是单位开展会计档案鉴定过程中形成且具有永久保存价值的重要资料，应纳入归档范围编制的意见书。

第二节　财务领域数据源的分类

科学全面的数据采集工作能够驱动数据高效发挥价值，为此数据源成为数据采集关注的核心。数据源即数据的来源，是指提供数据的原始器件或媒介。梳理数据源是做好数据采集工作的前提。对企业而言，数据源既可以按照分布范围分类，也可以按照数据的采集路径分类。

一、以分布范围分类的数据源

数据源的分布范围按照企业信息体系的边界分为企业内部数据源和企业外部数据源。对不同分布范围的数据源进行数据采集，需要调用的资源是不一样的。

企业内部数据源主要包括企业的业务系统、财务管理系统、人力资源管理系统、日志采集系统、线下保存数据的办公软件及企业生产环节的温度传感器等。企业内部数据源承载并提供了绝大部分企业营运管理所需的数据。通常，这部分数据可通过数据库和系统日志等工具进行调取、采集，或者运用 API 实现开放系统间集成及数据传输。但由于大部分企业内部存在信息孤岛，面对更广泛的数据采集需求时，建立数据仓库和数据中台更能发挥优势。

企业外部数据源包括政府、高校、机构、行业协会的开放型数据库及网页与应用程序等。企业通过采集外部数据打通与客户、供应商、竞争对手、政府、相关机构等外部因素的联系，增强了敏感性。相对于企业内部数据源，外部数据源大多分布广泛且分散，企业通常根据适配性对数据进行筛选，并采用网络爬虫和 API 的方式采集，从而提高采集的效率和质量。

二、以采集路径分类的数据源

数据的采集路径可分为两类：一类是将存在于物理世界的数据复刻至数字世界中；另一类是将本身存在于数字世界的数据搬运至企业的数据仓库、数据平台或数据中台。据此，可将数据源分为物理世界中的数据源和数字世界中的数据源两类。

物理世界中的数据源以物理实体为载体，借助物理设备进行数据采集，实现从物理世界向数字世界的转化。企业的经营环境中存在着大量物理世界中的数据源，包括条形码、二维码、传感器、工控设备等。针对物理世界中数据的不同形态，有对应的采集方式及技术。典型的采集技术包括光学字符识别(Optical Character Recognition，OCR)技术、智能字符识别(Intelligent Character Recognition，ICR)技术、自动语音识别 (Automatic Speech Recognition，ASR) 技术和无线射频识别 (Radio Frequency Identification，RFID)技术等。这些技术可以帮助企业实现数据转换，打造企业级的数字世界。

数字世界通过对物理世界的感知，借助数字技术、互联网、云技术等科技力量逐步构建起对物理世界的映射。数字世界中的数据源存在于各种软件、系统或程序中。这些数据虽存在于数字世界，但也并不是自然相通的，需要借用技术与工具将数据采集、汇聚至企业的数据仓库、数据平台、数据中台中，为下一步数据的抽取、清洗、装载做好准备。常见的数据采集工具包括系统日志、数据库、网络爬虫、API 等。

第三节　财务大数据推动企业大数据的应用

大数据理念的提出，影响了整个人类社会的发展，对于企业来说，通过大数据分析系统的应用，不仅影响了企业主体的判断和决策，同时也改变了企业的传统文化氛围和基础立场，使企业在原始积累的程度上不断创新，催生出全新的发展领域和经营范围，这对于企业来讲无疑是有利的。

大数据时代相比于原来的小数据时代，企业需要处理海量、非结构性的业务数据，财务大数据是企业全面推广大数据应用的基础。大数据环境下，财务大数据为企业财务管理带来了新的发展机遇，在大数据技术的良好应用下，能够实现企业内部的优化配置，提升财务管理效益，减少企业财务管理成本。此外，在大数据分析下，能够对企业作出科学预测，为企业管理者决策提供有力的数据支持。

一、大数据时代企业开展财务管理创新的必要性

自从中国加入世界贸易组织（Word Trade Organization，WTO）以来，大量国际资源涌入中国市场，使得中国各大行业之间的市场竞争越发激烈，企业面临的市场压力越来越大。随着计算机信息技术不断发展，企业结构调整不断优化，企业经营发展中面临的内部和外部环境越发复杂，这对企业管理水平和管理质量提出了更高的要求，财务管理乃是企业经营管理的主要内容。在大数据时代，传统粗放式的财务管理模式，很难满足其持续稳定发展的要求，亟须创新管理理念和管理方式，才能紧跟大数据时代发展需求。而在原有基础上更新的同时，也需要积极拓展新内容，才能促使企业财务管理更好地适应大数据管理的需求。

传统的财务管理需要人工对相应的票据和财务数据进行处理、审核，属于一种直线化的管理方式。但在大数据时代，每天会产生海量数据，人工处理方式很难满足具体需求，需要借助数字挖掘技术和电子化方式等在互联网上进行操作，属于一种交叉管理模式。在网络技术不断发展的背景下，信息资产和创造的价值比重不断增加，更加注重信息资产管理，需要对传统财务管理进行科学合理的创新，才能更好地适应大数据时代的发展。

二、财务大数据推动财务管理

财务大数据对财务管理的推动是显而易见的，它在多个方面都发挥了重要作用。

（一）数据分析与预测

财务大数据可以通过分析历史数据和当前趋势，帮助企业进行财务预测和规划。基于大数据分析，企业可以更准确地预测销售额、成本、利润等关键财务指标，从而制定更有效的财务战略。

（二）风险管理

财务大数据可以帮助企业识别和评估各种风险，包括市场风险、信用风险、操作风险等。通过对大数据的分析，企业可以更好地了解潜在的风险因素，并采取相应的措施进行风险管理和控制。

（三）成本控制

大数据分析可以帮助企业识别成本结构和成本驱动因素，找出成本节约和效率提升的潜在机会。通过对成本数据的深入分析，企业可以优化资源配置，降低成本，提高盈利能力。

（四）决策支持

财务大数据为企业提供了更全面、准确的数据基础，可以支持管理层进行决策。通过对大数据的分析，管理层可以更好地理解企业的财务状况和运营情况，作出更明智的决策，提高企业的竞争力和营利能力。

(五)反欺诈与合规

财务大数据可以帮助企业识别和预防欺诈行为，保护企业的财务安全。通过对大数据的分析，企业可以发现异常模式和异常交易，及时采取措施进行反欺诈和合规管理，保护企业的利益和声誉。

三、大数据时代对企业财务管理产生的影响

(一)提高财务信息获取的效率

在经济全球化和大数据云计算发展的背景下，企业财务数据越发重要，特别是中国加入 WTO 以来，市场经济不断发展和完善，为企业高效发展营造了良好的环境。但面临的风险因素也大大增加。在大数据时代，企业不但要积极应对内部微观环境风险，而且还要主动应对外部宏观环境风险。对各大企业财务管理反应能力提出了更高的要求，能否在海量数据中提取到对企业发展有利的数据，直接决定了企业能否在激烈市场竞争中占得一席之地。通常情况下，企业可以借助相应的信息处理技术和管理水平来获取大量的外部信息数据，利用这些数据和信息，在企业内部建立起一个完善规范的财务决策体系。在大数据时代，企业可以通过财务报表获取相应的财务数据，在此基础上，实现多渠道的数据获取，为企业财务管理水平的提高，提供真实有效的数据依据。

(二)大幅度提升财务信息处理的效率

在大数据时代前，企业财务管理部门主要通过数据编制、信息计量等对企业财务信息进行处理，但随着企业经营规模的不断扩张，每日产生的数据越来越多，大大增加了财务数据处理的工作量。如果信息处理的效率比较低，那么，后期财务报表的编制就会缺乏科学性，难以为企业各项经营发展提供真实有效的参考依据，难以发挥出应有的价值和作用。而在大数据时代，每天都会产生海量数据，迫使企业必须在内部建立一个高效的财务数据检测和识别中心，从而为企业日常财务管理提供一个更加科学、合理、规范的数据支持。然后再借助规范化和标准化的计算机信息处理技术，就可以大幅度提升企业财务数据处理和应用的效率和准确性，为企业持续稳定的发展提供基础保证。

(三)促使企业财务管理人员工作职能发生转变

大数据时代的特性，为企业工作职能的转变提供了良好的发展契机，可以把财务管理人员过去的财务报表编制和分析，逐渐向财务会计高层化的方向转变，大大提高了财务管理的工作效率。特别是在全面预算管理的要求下，大数据时代在促进财务管理人员职能发生转变的同时，在一定程度上也推动了全面财务预算管理战略平台的建设，有效解决了传统财务管理数据分析技术简单、分析不够深入的问题，可促使企业财务预算管理相关工作高效地开展，为企业相关决策的制定提供真实有效的数据。

第五章　财务数据源分析

【章节导读】

数智时代发展日新月异，新技术和应用层出不穷，随着以"大智移云物"为代表的新兴技术的快速发展，企业产生并积累了种类繁多、体量庞大的数据。中共中央、国务院《关于构建更加完善的要素市场化配置体制机制的意见》首次明确将数据作为一种新型生产要素写入政策文件，以期充分发挥数据这一新型要素对其他要素效率的倍增作用，使大数据成为推动经济高质量发展的新动能。激发数据创新驱动潜能，为企业经营决策提供有价值的信息，实现数字化转型升级，是数字化时代企业面对竞争激烈的市场环境、塑造高质量发展新动能的必然选择。

财务数据源分析是对企业财务数据来源的识别、收集和分析过程，通过深入了解不同数据源的特点及价值，为企业决策提供重要参考。本章将通过介绍财务大数据涉及的数据源，按照财务自身的业务流程进行拆解分析，以财务流程循环的方式进行财务涉及数据源的分析。通过本章的学习，读者将能够全面了解财务数据源分析的重要性和方法，为企业的财务管理和业务运营提供有力支持。

【知识框架】

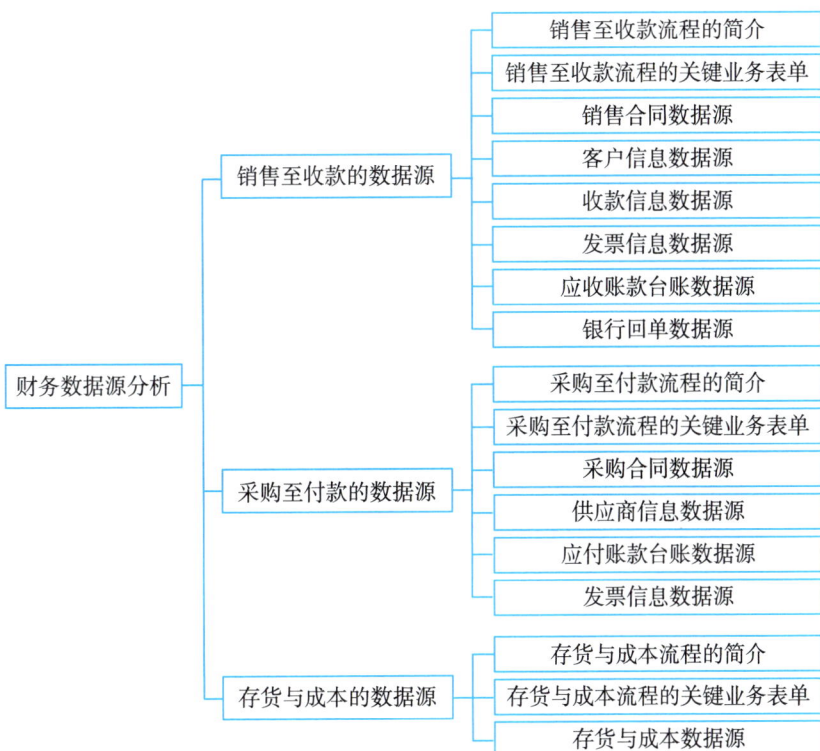

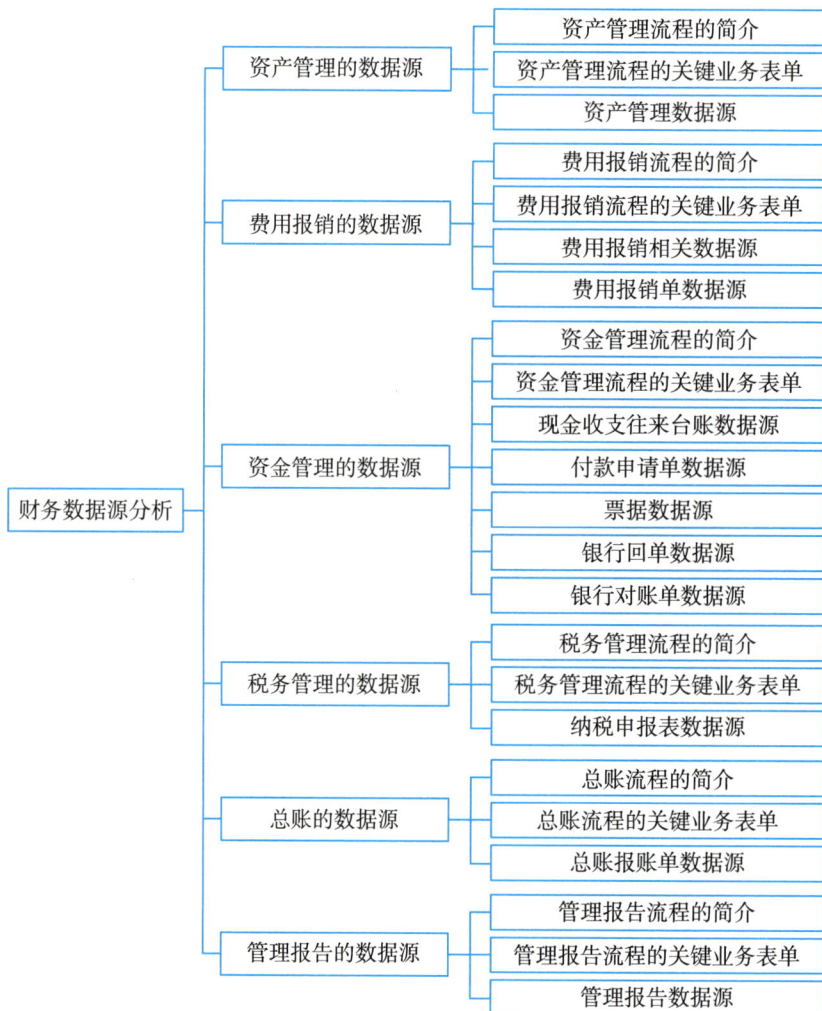

```
                                            ┌─ 资产管理流程的简介
                        ┌─ 资产管理的数据源 ─┼─ 资产管理流程的关键业务表单
                        │                   └─ 资产管理数据源
                        │                   ┌─ 费用报销流程的简介
                        │                   ├─ 费用报销流程的关键业务表单
                        ├─ 费用报销的数据源 ─┤
                        │                   ├─ 费用报销相关数据源
                        │                   └─ 费用报销单数据源
                        │                   ┌─ 资金管理流程的简介
                        │                   ├─ 资金管理流程的关键业务表单
                        │                   ├─ 现金收支往来台账数据源
                        ├─ 资金管理的数据源 ─┼─ 付款申请单数据源
  财务数据源分析 ────────┤                   ├─ 票据数据源
                        │                   ├─ 银行回单数据源
                        │                   └─ 银行对账单数据源
                        │                   ┌─ 税务管理流程的简介
                        ├─ 税务管理的数据源 ─┼─ 税务管理流程的关键业务表单
                        │                   └─ 纳税申报表数据源
                        │                   ┌─ 总账流程的简介
                        ├─ 总账的数据源 ─────┼─ 总账流程的关键业务表单
                        │                   └─ 总账报账单数据源
                        │                   ┌─ 管理报告流程的简介
                        └─ 管理报告的数据源 ─┼─ 管理报告流程的关键业务表单
                                            └─ 管理报告数据源
```

【章节目标】

知识目标：通过本章节的学习，了解财务核算流程和财务管理流程；掌握销售至应收流程的数据源、采购至应付流程的数据源、存货与成本的数据源、资产管理的数据源、费用报销的数据源、资金管理的数据源、税务管理的数据源、总账的数据源和管理报告的数据源；理解不同类型的财务数据源及其特点等。

能力目标：能够梳理财务核算流程和财务管理流程，识别和收集不同类型的财务数据源；能够运用财务分析工具和技术对数据源进行分析和解读；能够利用财务数据源进行风险评估和业务决策支持；能够建立有效的财务数据管理机制，确保数据的准确性和完整性。

素养目标：具备批判性思维和问题解决能力，能够准确理解和分析财务数据源；具备团队合作和沟通能力，能够与他人分享财务数据分析结果并共同制定决策；具备责任感和自律能力，能够保护财务数据的安全和保密性；具备持续学习和更新知识的意识，能够跟随财务数据分析领域的发展并不断提升自身能力。

企业财务作为经营管理的核心环节，承载了企业经营的核心价值流记录的职责，因此财务团队具备获取全局信息流的天然优势，同时由于国内共享服务中心的建设，财务数据被进一步集中，具备成为财务数据中心的重要基础(见图 5-1)。基于业财融合的新趋势，业务数据和财务数据进一步被融合，大量的业务数据也成为财务数据分析的数据源，通过对财务报表数据的逐层钻取，最终与业务经营的本质实现关联是数字化时代企业财务分析及经营决策的重要手段。

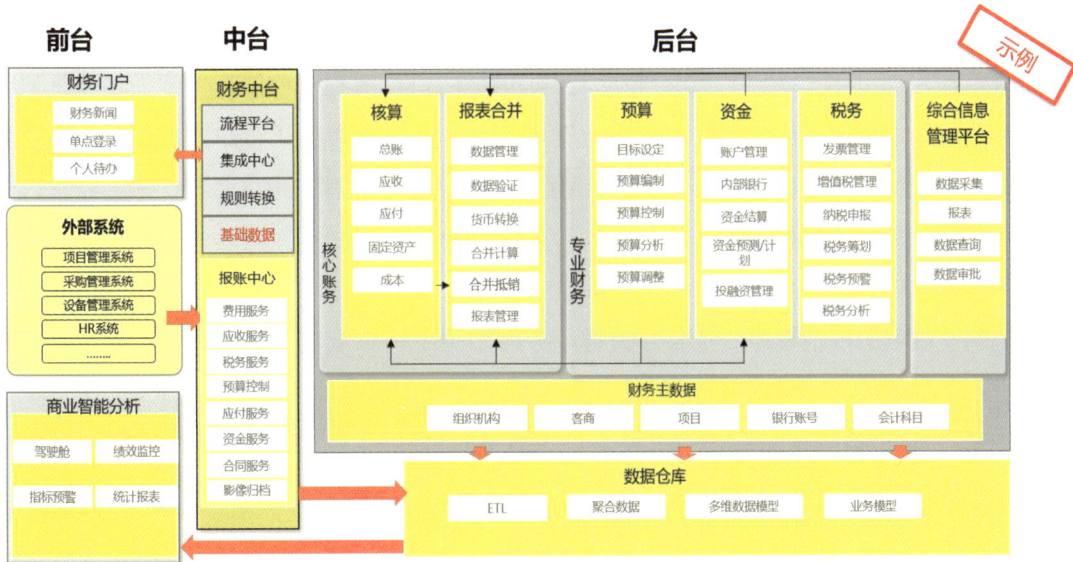

图 5-1　企业资金运转流程

为了更完整和精确地描述财务大数据涉及的数据源，可以按照财务自身的业务流程进行拆解分析，以财务流程循环的方式进行财务涉及数据源的分析。参考国际咨询机构德勤咨询对财务流程的划分，以某快消企业为例将财务流程划分为财务核算流程及财务管理流程(见图 5-2)。

财务核算流程主要是财务日常对业务交易处理的财务记录过程，具体包括销售至收款、采购至付款、员工费用报销、存货与成本、资产核算、总账核算与报告等流程信息。

财务管理流程主要是企业经营管理过程中的管理流程，具体包括资金管理、预算管理、管理分析、税务管理及与会计政策、财务信息化等相关的综合管理流程信息。

图 5-2　财务核算流程及财务管理流程

第一节 销售至收款的数据源

一、销售至收款流程的简介

销售至收款流程(order to cash),部分企业将其简称为 OTC 流程,该流程主要描述的是业务人员完成合同或销售订单的确定,到销售订单的执行交付,财务进行销售确认和开票,收到客户回款进行核销的全流程。全流程中财务主要环节包括收入确认、收款认领、销售退回、应收账龄管理、坏账损失核算、客户对账、应收期末关账等。

以某快消行业为例,其财务核算流程体系中销售至收款流程如下。

第一,销售至收款的事前管理。主要为销售业务的相关事前审批流程,如客户合同审核、产品基础价格核定、产品最低限价管理等内容。

第二,扣率/协议价格与信用管理。主要为销售业务过程中销售价格定价、销售价格折扣折让申请、客户信用管理、销售订单解锁等业务流程。

第三,客户折扣折让处理。主要是指企业为促进商品销售而在商品标价上给予的价格扣除,债权人为鼓励债务人在规定的期限内付款而向债务人提供的债务扣除。

第四,开票与收入确认。开票就是开具销货或服务发票,开票需要缴税,收入应当在企业履行了合同中的履约义务,即客户取得相关商品或服务控制权时确认。

第五,收款核销。核销是指应收账款出现坏账时,而又不能结转到第 2 年,所以要用当年的坏账准备金冲掉,核对付款企业是否已经把应收款全部打回、是否存在欠款或坏账。

第六,销售退货处理。主要是指顾客向卖方购买后又退回的商品。很多企业允许顾客退货,并且会全额退还货款。

第七,产品销售及存货情况管理。仓储部门依据销售发货通知单和销售合同、销售订单等组织发货;销售、财务、仓储等部门定期对产品销售及存货情况等进行对账和实物盘点,核对产品库存,对差异情况应及时查明原因并按规定处理。

第八,期末收款处理。财务部根据销售合同和销售实施方案/销售订单查询核实客户预留资金和客户预付款的到账情况或客户信用额度使用情况,向销售部门传送核实信息或据实开具收款通知单;期末财务部对应收账款应进行账龄分析,合理计提坏账准备,并提出追收措施和建议,报分管业务的领导和财务总监审核同意后实施,同时做好客户资信档案记录等。

对于财务人员来说虽然不需要和销售人员跑市场、签合同、要回款等,但需要关注销售订单的整个流程管理。因为它影响到财务的销售收入、应收账款(坏账)、资金状况、销项税、销售奖励等,可以说销售是企业的核心流程。这就要求财务人员了解销售业务,推动销售部门在增加销售的同时关注信用期管理(合同管理及审核),关注回款管理。整个销售订单流程从签订合同到全部回款结束为止,财务人员需要及时管控好各个环节,关注各个销售订单的进度和状态,分析跟踪提醒各种问题和异常。

二、销售至收款流程的关键业务表单

销售至收款流程需要相应的业务表单及信息字段承载业务信息,如事前申请单、收入确认单、收款确认单、坏账核销单等。其中较为重要的单据包括以下三类。

(一)收入确认单

收入的确认主要包括产品销售收入的确认和劳务收入的确认。另外，还包括提供他人使用企业的资产而取得的收入，如利息、使用费及股利等。其中包含重要的字段信息有单据编码、提单日期、提单人、项目名称、本期确认收入、本期价税合计金额等。图 5-3 为收入确认单示例。

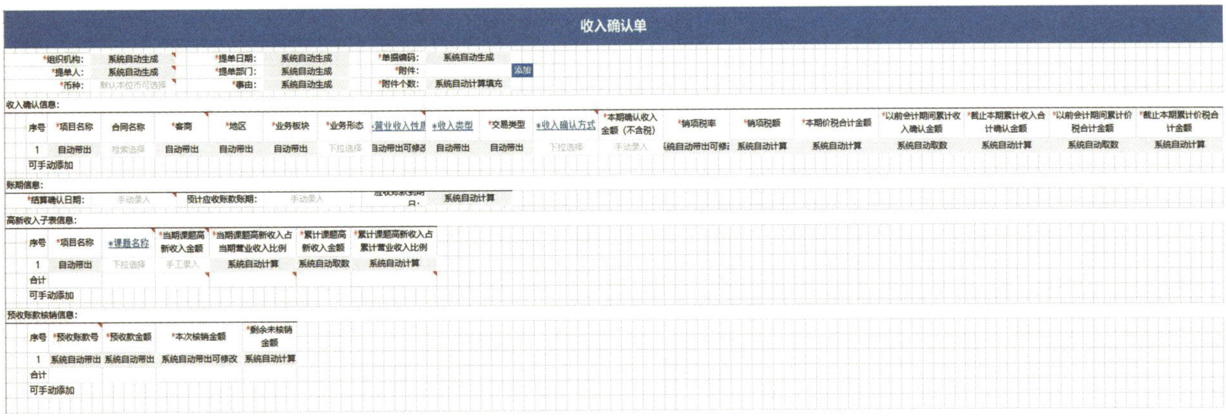

图 5-3　收入确认单

(二)收款确认单

收款单与收入单进行核销，减少应收，确认已收的款项。其中包含重要的字段信息有提单日期、提单人、单据编码、收款银行、收款账户、付款人名称、付款账户、交易日期、扣款金额、收款票号、票据到期日等。图 5-4 为收款确认单示例。

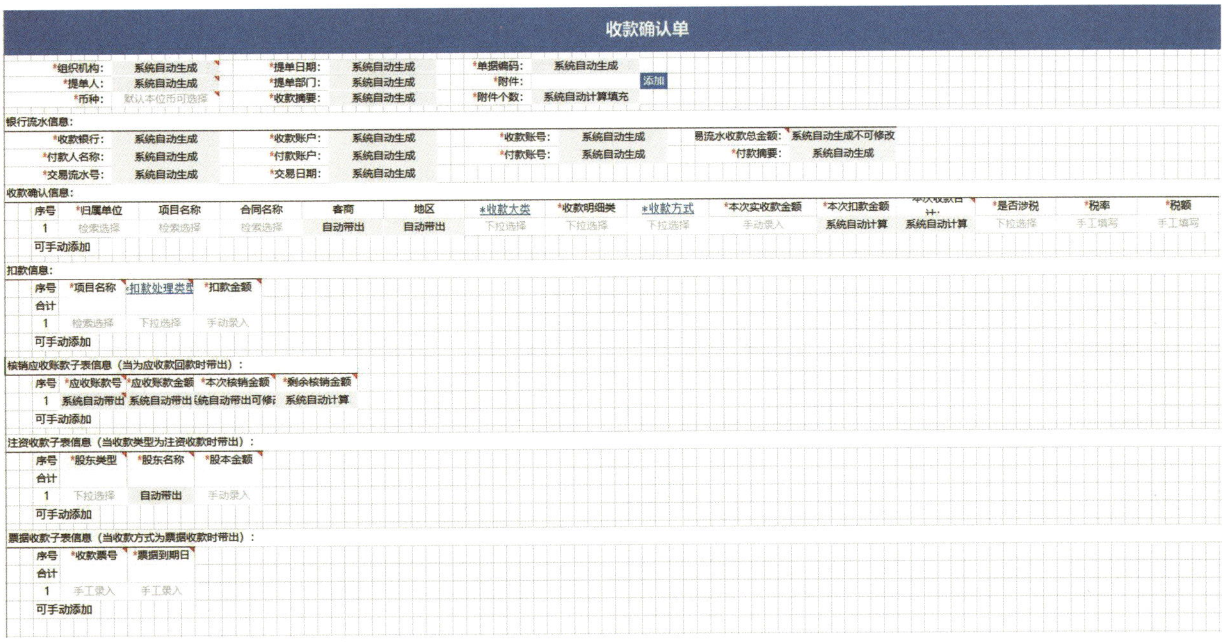

图 5-4　收款确认单

(三)坏账核销单

坏账核销单是指企业在清查核实的基础上，对确实不能收回的各种应收款项应当作为坏账损失，并及时进行处理。其中包含重要的字段信息有单据编码、提单日期、提单人、核销原因、核销账款龄、期末坏账准备等。图 5-5 为坏账核销单示例。

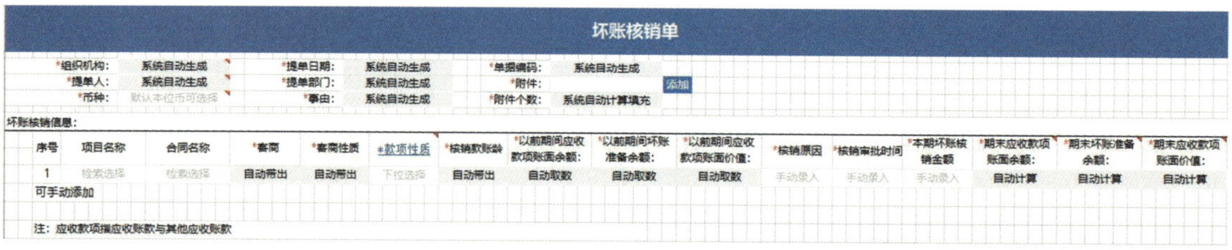

坏账核销单

*组织机构:	系统自动生成	*提单日期:	系统自动生成	*单据编码:	系统自动生成
*提单人:	系统自动生成	*提单部门:	系统自动生成	*附件:	添加
*币种:	默认本位币可选择	*事由:	系统自动生成	*附件个数:	系统自动计算填充

坏账核销信息:

序号	项目名称	合同名称	*客商	*客商性质	*款项性质	*核销款账龄	*以前期间应收款项账面余额:	*以前期间坏账准备余额:	*以前期间应收款项账面价值:	*核销原因	*核销审批时间	*本期坏账核销金额	*期末应收款项账面余额:	*期末坏账准备余额:	*期末应收款项账面价值:
1	检索选择	检索选择	自动带出	自动带出	下拉选择	自动带出	自动取数	自动取数	自动取数	手动录入	手动录入	手动录入	自动计算	自动计算	自动计算
可手动添加															

注：应收款项指应收账款与其他应收账款

图 5-5　坏账核销单

三、销售合同数据源

销售合同是指平等主体的自然人、法人和其他组织之间设立、变更、终止民事权利义务关系的协议，是销售至收款流程最为重要的数据来源之一。一般销售合同应包含的内容有：销售方和购买方等信息；销售的货物的名称、数量、质量等信息；销售价格；价款的支付方式、时间、地点；检验标准；等等。图 5-6 为销售合同文件示例。

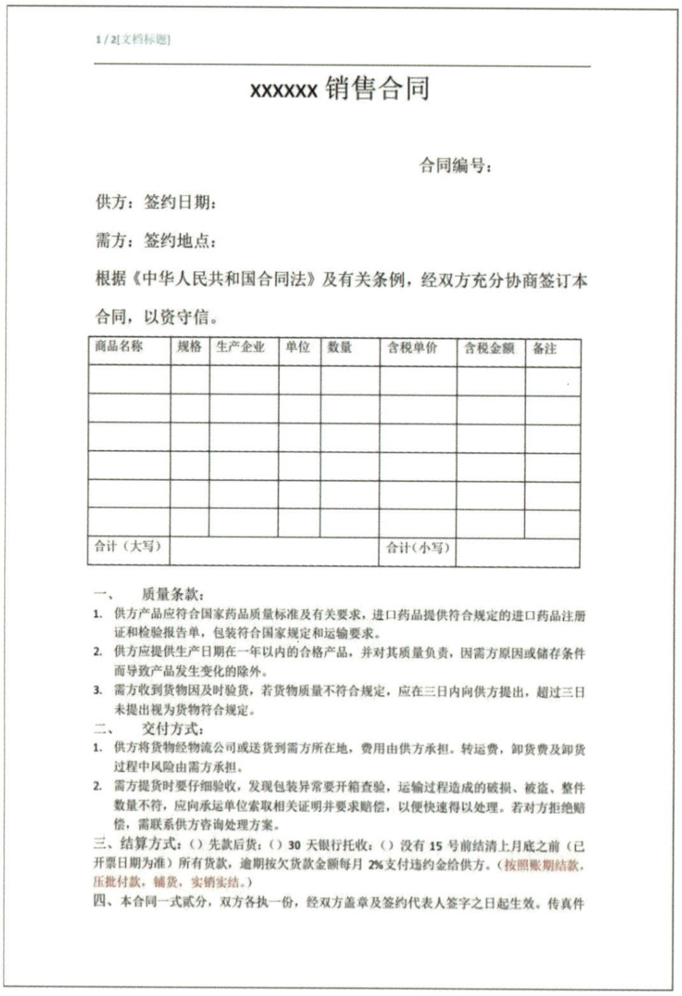

1 / 2[文档标题]

XXXXXX 销售合同

合同编号：

供方：签约日期：

需方：签约地点：

根据《中华人民共和国合同法》及有关条例，经双方充分协商签订本合同，以资守信。

商品名称	规格	生产企业	单位	数量	含税单价	含税金额	备注
合计（大写）					合计（小写）		

一、　质量条款：
1. 供方产品应符合国家药品质量标准及有关要求，进口药品提供符合规定的进口药品注册证和检验报告单，包装符合国家规定和运输要求。
2. 供方应提供生产日期在一年以内的合格产品，并对其质量负责，因需方原因或储存条件而导致产品发生变化的除外。
3. 需方收到货物因及时验货，若货物质量不符合规定，应在三日内向供方提出，超过三日未提出视为货物符合规定。

二、　交付方式：
1. 供方将货物经物流公司或送货到需方所在地，费用由供方承担。转运费，卸货费及卸货过程中风险由需方承担。
2. 需方提货时要仔细验收，发现包装异常要开箱查验，运输过程造成的破损、被盗、整件数量不符，应向承运单位索取相关证明并要求赔偿，以便快速得以处理。若对方拒绝赔偿，需联系供方咨询处理方案。

三、结算方式：() 先款后货；() 30 天银行托收；() 没有 15 号前结清上月底之前（已开票日期为准）所有货款，逾期按欠货款金额每月 2%支付违约金给供方。（按照账期结款，压批付款，铺货，实销实结。）

四、本合同一式贰分，双方各执一份，经双方盖章及签约代表人签字之日起生效。传真件

图 5-6　销售合同文件

销售合同中关键的字段信息包括合同编号、合同名称、合同付款条件、销售类型、销售日期、销售金额、商品名称、签约客户、合同状态、开始日期、结束日期、签订人、当前日期、合同附件和备注说明等。图 5-7 为销售合同示例。

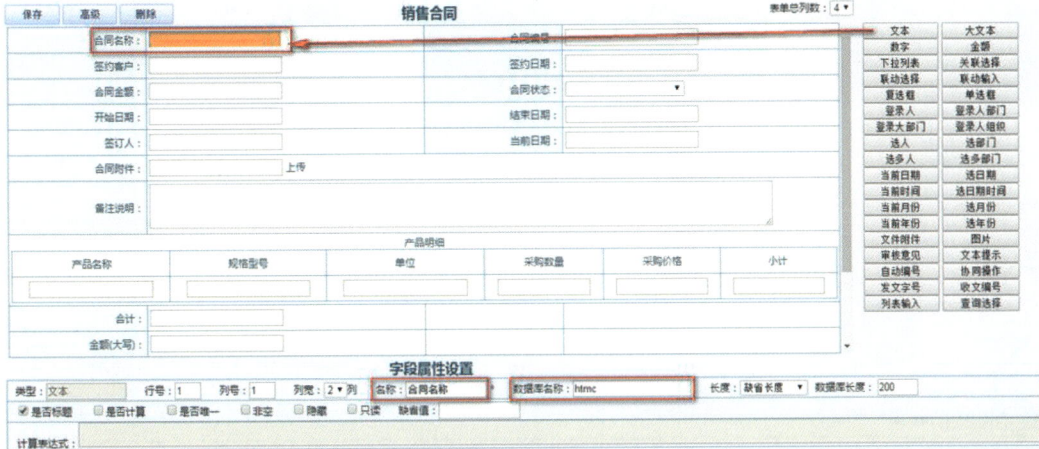

图 5-7　销售合同

四、客户信息数据源

客户信息(customer information)是指客户喜好、客户细分、客户需求、客户联系方式等一些关于客户的基本资料。其中包含重要的字段信息有编号、客户名称、客户类别、客户地址、联系电话、联系人、法定代表人、营业执照号码、所属行业、客户资料附件、单位性质、所属集团、注册资金、经营状况和产权性质等信息。图 5-8 为企业客户信息示例。

图 5-8　企业客户信息表

五、收款信息数据源

收款信息集合了收款方和付款方相关重要信息，是销售至收款流程中不可缺少的数据来源之一。其中包含重要的字段信息有交易流水号、交易日期、付款方账号、付款方户名、交易金额、收款类型、附言、付款方单位名称、收款方户名、收款方账号、收款方开户行结算金额、经办人、结算说明等。图 5-9 以填报完工结算单为例，展示收款信息。

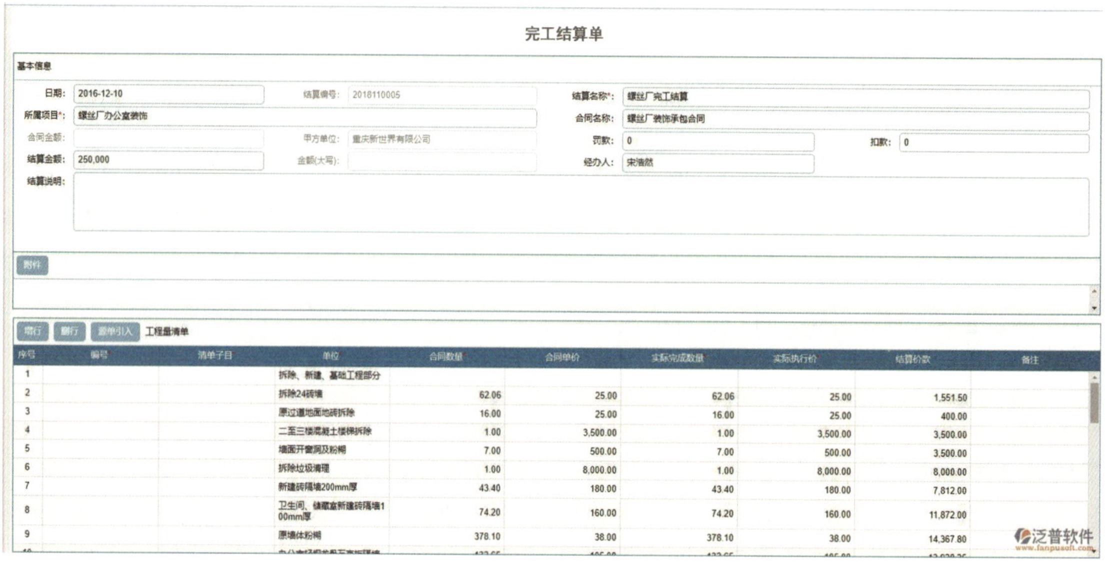

图 5-9　完工结算单

六、发票信息数据源

发票信息主要是指一些相关票据上所记载的有关信息。发票是指一切单位和个人在购销商品、提供或接受服务及从事其他经营活动中，所开具和收取的业务凭证，是会计核算的原始依据，也是审计机关、税务机关执法检查的重要依据。发票是发生的成本、费用或收入的原始凭证。对于公司来讲，发票主要是公司记账的依据，同时也是缴税的费用凭证；对于员工来讲，发票主要是用来报销的。票据上面包含的相关信息组成发票信息，发票信息中所包含重要的字段信息有发票号、申请日期、发票项目、开票金额、开票公司、开票员、税率、价税合计、购买方、销售方、收件人、财务签名、开票内容等。图 5-10 为增值税普通发票示例。

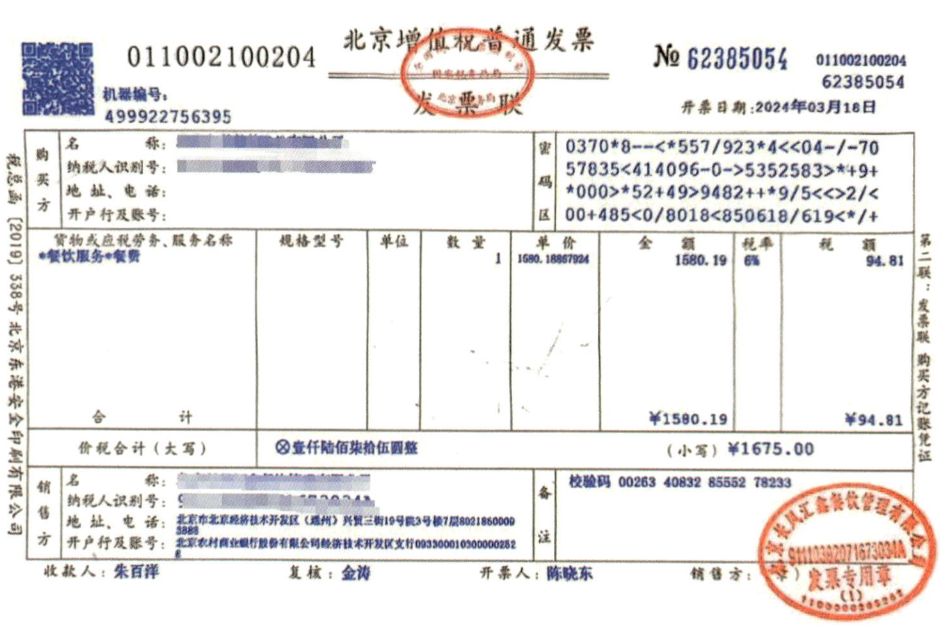

图 5-10　增值税普通发票

七、应收账款台账数据源

应收账款台账在月末反映每个客户的余额、发生时间、合同号、账龄、责任人、余额比例之类，该表可弥补应收账款明细账只能反映余额的不足，是分析应收账款账龄的数据来源。

应收账款台账按每项合同进行设立，具体包括以下内容：合同编号、客户企业性质、主营业务范围、注册资本、项目立项情况、项目土地证情况、建设用地规划情况、合同金额、开竣工时间、合同结算方式、合同付款条件、保修期限及保修金额、每月及累计对内上报进度金额、每月及累计甲方审批的进度额、每月及累计甲方付款额、每月及累计付款比例等。其中包含的重要字段有币别、期初余额、本期应收、已开票金额、本期收款、客户名称、客户经手人、交易类型、交易日期、应收金额、已收金额、未收金额、明细科目和备注等。图5-11为应收账款台账示例。

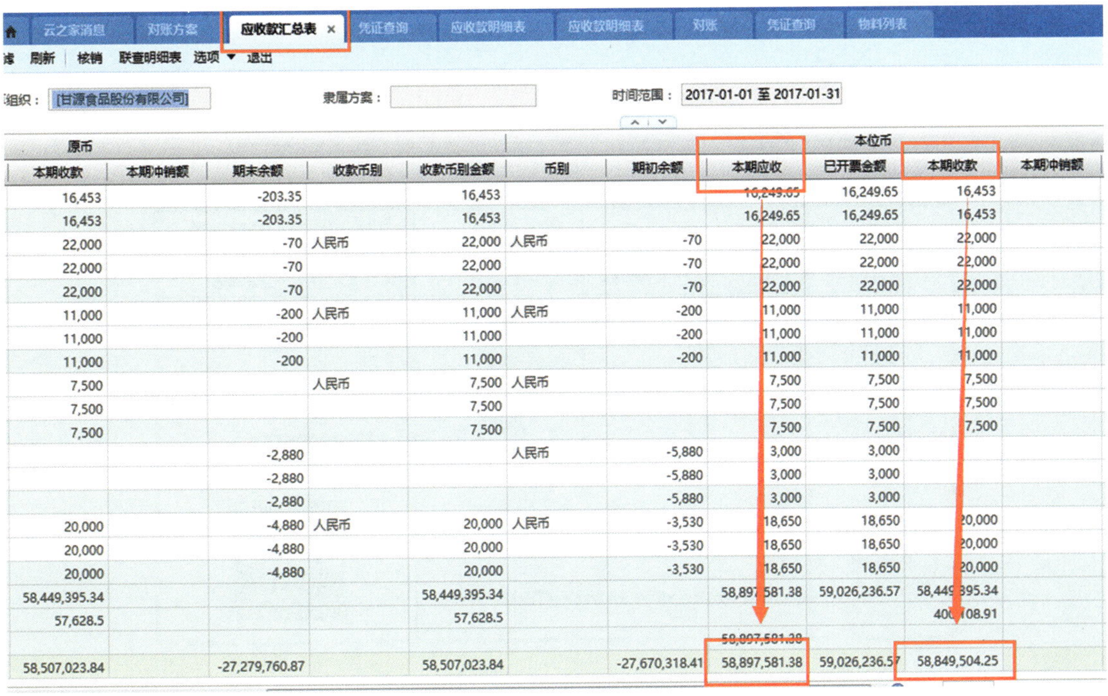

图 5-11 应收账款台账

八、银行回单数据源

银行回单指的是银行回执单。银行回执单是指在银行办理业务以后，银行方出示的一个有效凭证，可以证明在银行办理了某种业务，记录了业务、卡号和金额。对于企业来说，银行回执单是作为附件用来进行账务处理的重要凭证。

常见的银行回执单有ATM机回执单、柜台回执单、对账回执单及电子回执单等。纸质回执单在使用完毕以后最好进行销毁，其会留有一些交易信息。银行回执单中的一些重要字段包括回单类型、流水号、付(收)款人户名、付(收)款人账号、付(收)款人开户行、金额、交易时间、币种、附言和结算方式等。

银行回执单的主要作用就是证明单笔交易，如果需要有法律证明的凭证，需要银行方打印交易明细，所以银行回执单并不具备法律效力。图5-12和图5-13为银行回执单示例。

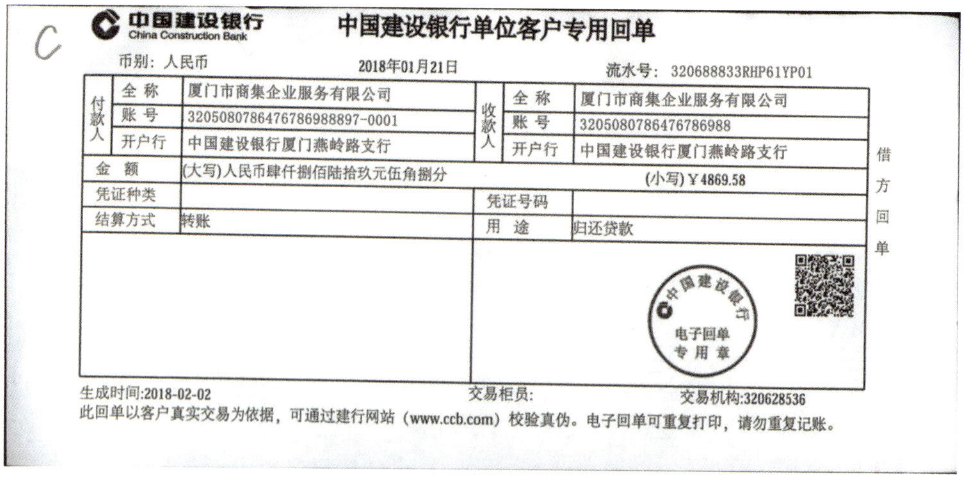

中国建设银行 China Construction Bank　中国建设银行单位客户专用回单

币别：人民币　2018年01月21日　流水号：320688833RHP61YP01

付款人	全 称	厦门市商集企业服务有限公司	收款人	全 称	厦门市商集企业服务有限公司
	账 号	32050807864767869888897-0001		账 号	3205080786476786988
	开户行	中国建设银行厦门燕岭路支行		开户行	中国建设银行厦门燕岭路支行
金 额	(大写)人民币肆仟捌佰陆拾玖元伍角捌分			(小写)￥4869.58	
凭证种类			凭证号码		
结算方式	转账		用 途	归还贷款	

中国建设银行 电子回单 专用章

借方回单

生成时间:2018-02-02　交易柜员:　交易机构:320628536

此回单以客户真实交易为依据，可通过建行网站（www.ccb.com）校验真伪。电子回单可重复打印，请勿重复记账。

图 5-12　中国建设银行单位客户专用回单

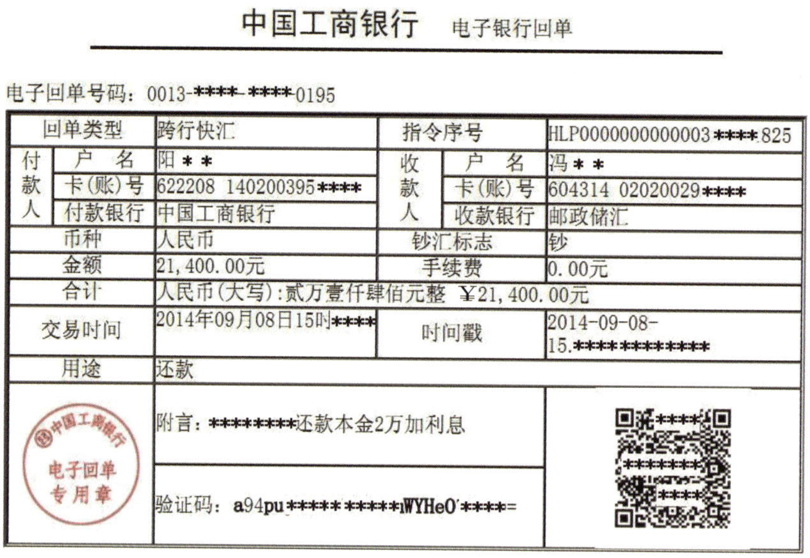

中国工商银行　电子银行回单

电子回单号码：0013-****-****0195

回单类型		跨行快汇	指令序号		HLP0000000000003****825
付款人	户 名	阳**	收款人	户 名	冯**
	卡(账)号	622208 140200395****		卡(账)号	604314 02020029****
	付款银行	中国工商银行		收款银行	邮政储汇
币种		人民币	钞汇标志		钞
金额		21,400.00元	手续费		0.00元
合计		人民币(大写)：贰万壹仟肆佰元整 ￥21,400.00元			
交易时间		2014年09月08日15时****	时间戳		2014-09-08-15.************
用途		还款			
中国工商银行 电子回单 专用章		附言：********还款本金2万加利息 验证码：a94pu**********WYHeO'****=			

图 5-13　中国工商银行电子银行回单

第二节　采购至付款的数据源

一、采购至付款流程的简介

采购至付款流程(procure to pay)，部分企业将其简称为 PTP 流程，该流程主要描述的是需求部门提出采购申请，采购人员制订采购计划，提出采购需求和标准，选择供应商，谈判与签订合同，订购和发出订单，货物验收入库，最后进行付款及会计核算的全流程。全流程中财务主要环节包括预付款处理、采购发票结算、应付账款确认、付款管理、应付账款管理、应付期末关账、供应商对账、编制记账凭证、存货登记等。

以某快消行业为例，其财务核算流程体系中采购至付款流程如下。

第一，需求部门提出采购申请。主要为采购部把各个部门提出的需要采购的物资予以汇总，再将采购任务分配给各采购员并下达相应的采购任务单的过程。本步骤主要解决了“为什么采购”的问题。

第二，采购人员制订采购计划。主要为采购人员对所采购的物资进行市场调查(包括对产品价格、规格、供应商等因素进行调查分析)，从而确定采购方式、采购时间及货物运输方法、货款支付方法等的过程。本步骤主要从宏观上解决了"怎么做采购"的问题。

第三，采购人员提出采购需求和标准。这里的采购需求和标准，主要包括三个方面：一是对采购的产品作出清晰而准确的规定，同时也有助于供应商准确地理解；二是详细地制订产品的检验程序和规范；三是形成完整的采购文件，如采购合同、产品标准、技术协议等资料。本步骤主要解决了"采购物品要达到什么样的标准"及相关采购文件的问题。

第四，选择供应商。对于企业本身供应链中处于合作关系的供应商，采购人员可以将采购信息直接发给对方；对于非供应链中的供应商，采购人员可以通过信息搜集，选择质量好、价格低、交货及时、服务周到的供应商予以合作。本步骤主要解决了"从哪个供应商处进行采购"的问题。

第五，谈判与签订合同。主要为采购人员与供应商进行反复谈判，讨论价格、质量、货期、售后服务等合作条件，最后以合同的形式将这些条件规定下来，从而形成采购合同的过程。

第六，订购和发出订单。主要为采购人员根据已签订的合同向供应商发起采购订单的过程。采购人员在向供应商发出购货订单时，一定要详细、具体地说明有关信息，购货订单上的订单编号、产品名称、规格、单价、需求数量、交货时间、交货地址等信息都要准确无误。

第七，货物验收入库。主要为货物到达后，采购人员配合仓储部门按照供需双方所签合同的规定，对货物数量、质量等做验收工作的过程。一旦发现货物存在未达到合同规定或者违反合同规定的问题，采购人员就要及时向供应商反映。

第八，付款及会计核算。付款流程主要包括付款申请、审批、资金支付、会计记录和资料保管。会计核算主要包括编制记账凭证、登记总账和明细账并定期核对。

采购至付款主要财务流程如表5-1所示。

表5-1 采购至应付主要财务流程

一级流程	二级流程	三级流程
采购至付款流程	供应商账期管理	供应商账期制定与调整
		供应商定期评估
	预付款处理	预付款申请
		预付款处理
	采购发票处理	采购验收入库
		采购发票付款
		采购发票冲账
	付款管理	银企直联支付
		非直联行转账支付
		现金/支票/票据支付
		紧急付款处理
		付款失败与退回处理
		付款查询受理
	采购至付款期末关账	应付关账清单管理
		应付科目检查与差错更正
		应付关账
		供应商对账
	应付账款管理	应付账款账龄分析
		预付款分析

二、采购至付款流程的关键业务表单

采购至付款流程需要相应的业务表单及信息字段承载业务信息，如采购订单、入库单、付款申请单、付款单、结算单等。其中较为重要的单据包括以下五类。

（一）采购订单

采购订单是企业根据产品的用料计划和实际能力及相关的因素所制订的切实可行的采购订单计划，并下达至供应商执行，在执行的过程中要注意对订单进行跟踪，以使企业能从采购环境中购买到企业所需的商品，为生产部门和需求部门输送合格的原材料和配件。其中包含重要的字段信息有供应商名称、产品名称、规格型号、单价、运输方式等。图 5-14 为采购订单示例。

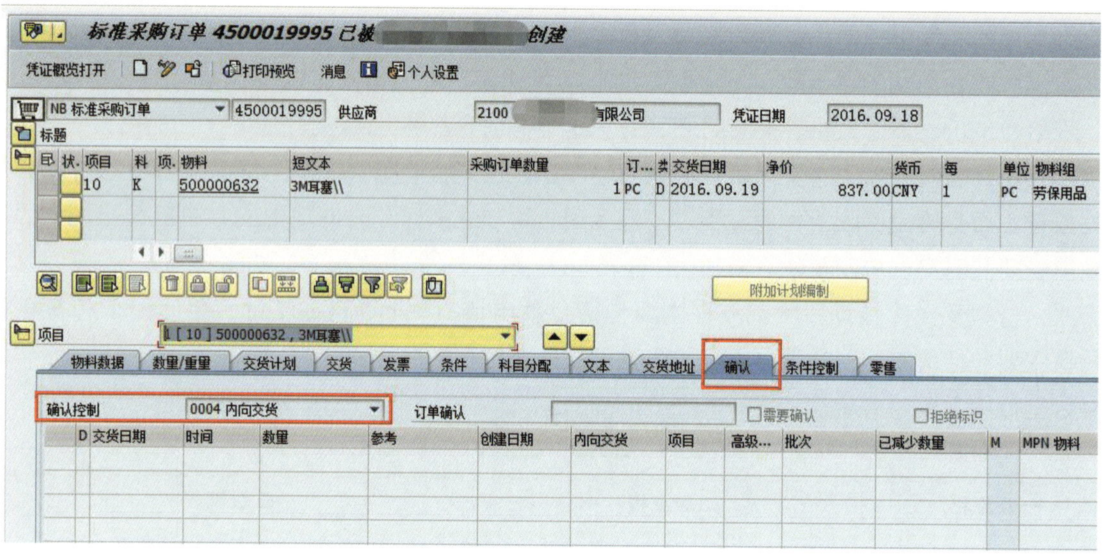

图 5-14　采购订单

（二）入库单

入库单是对采购实物入库数量的确认，也是对采购人员和供应商的一种监控，如果缺乏实物入库的控制，不能规避采购人员与供应商串通舞弊、虚报采购量、实物短少的风险。入库单是企业内部管理和控制的重要凭证。其中包含重要的字段信息有仓库编号、名称/型号、合计金额、出库单位等。图 5-15 为入库单示例。

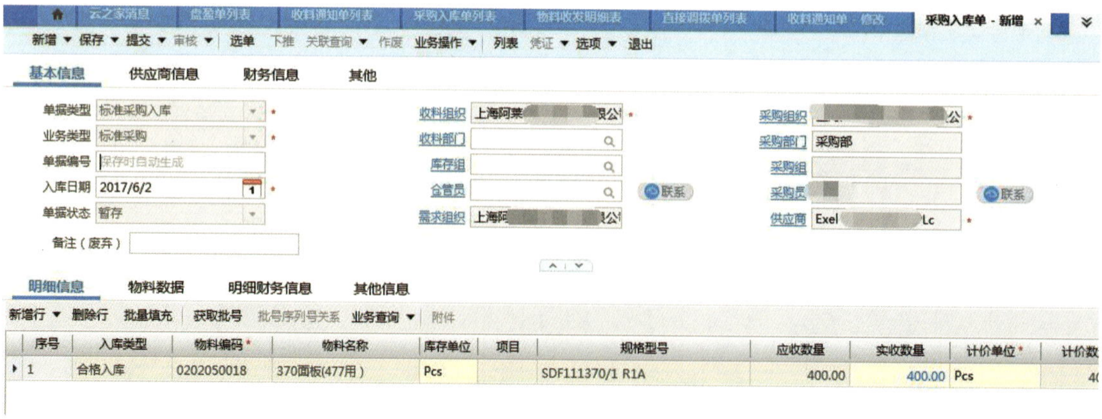

图 5-15　入库单

(三)结算单

结算单是根据结算明细报表，按照合同结算周期将数据汇总。同时要考虑各种费用单据是否有预付款抵扣等情况。一般包括户名、成交日期、成交品种、成交数量及结算价格、买入或卖出、交易手续费和其他费用等内容。其中包含重要的字段信息有单位名称、合同号、项目名称、合计金额等。图 5-16 为结算单示例。

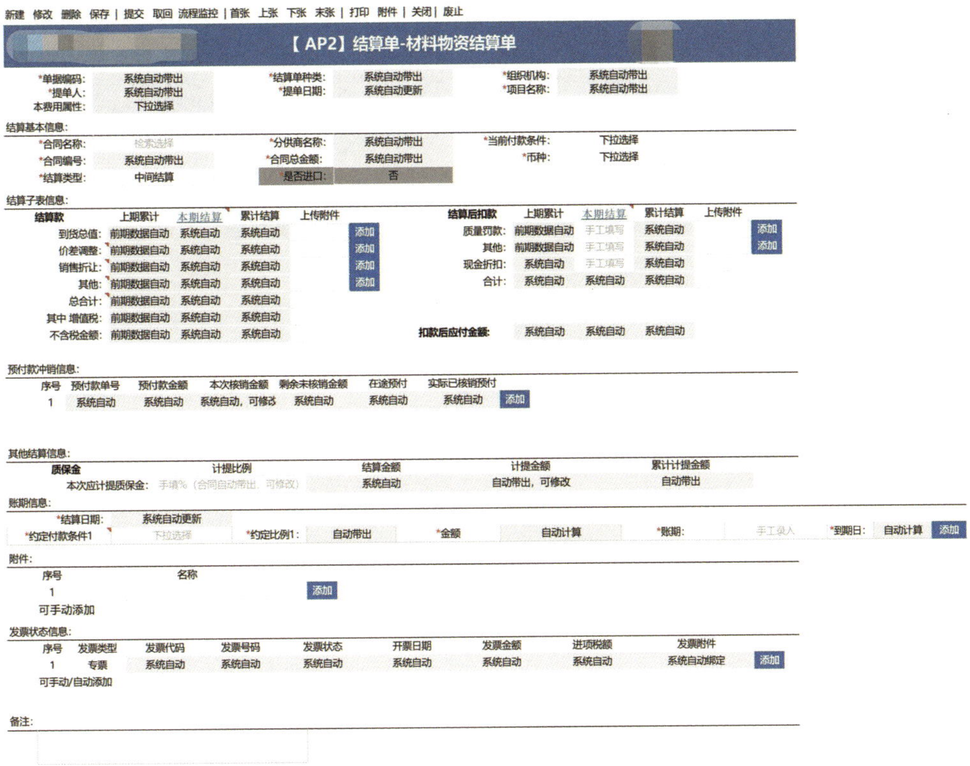

图 5-16　结算单

(四)付款申请单

付款申请单是采购方申请付款给供货单位的书面单据形式，表明付款的各项内容。其中包含重要的字段信息有日期、收款单位、支付金额、付款方式、付款事由、经办人等。图 5-17 为付款申请单示例。

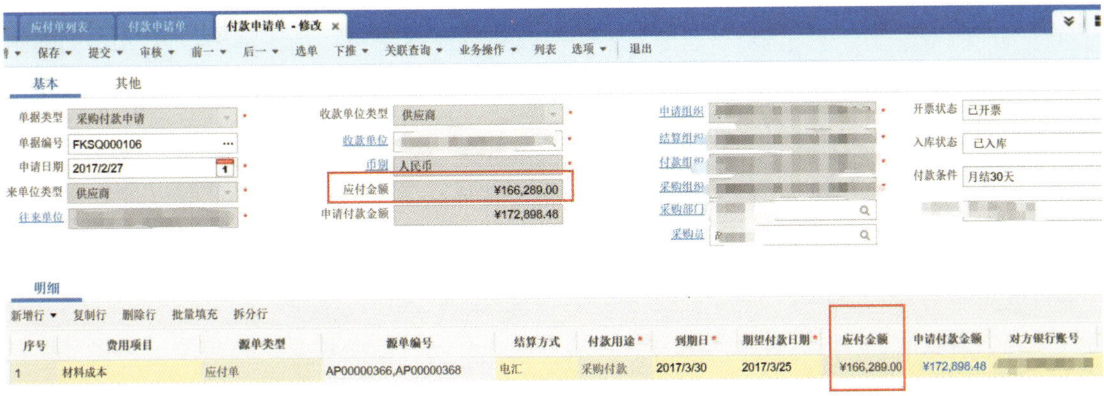

图 5-17　付款申请单

(五)付款单

付款单是采购方企业的应付凭单部门编制的，载明已收到商品、资产或接受劳务的厂商、应付款金额和付款日期的凭证，是采购方企业内部记录和支付负债的授权证明文件。应付凭单部门可以不是专门设置的一个部门，而是被授权编制应付凭单的部门或人员。编制应付凭单属于财务部门的职能，通常应当由财务部门的主管或其授权人员完成。付款单包含重要的字段信息有收款单位/经办人、会计处理方式/科目、摘要、金额、付款方式等。图 5-18 为付款单示例。

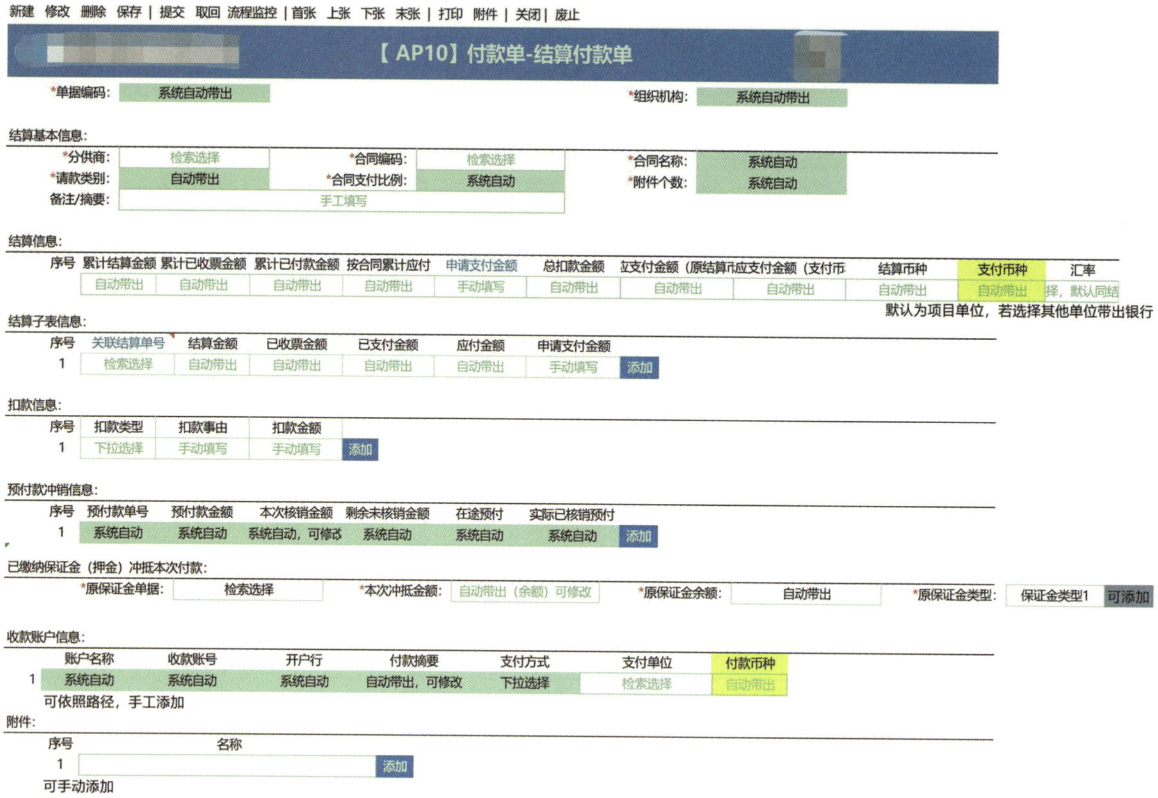

新建 修改 删除 保存 | 提交 取回 流程监控 | 首张 上张 下张 末张 | 打印 附件 | 关闭 | 废止

【AP10】付款单-结算付款单

*单据编码：系统自动带出　　*组织机构：系统自动带出

结算基本信息：

*分供商：	检索选择	*合同编码：	检索选择	*合同名称：	系统自动
*请款类别：	自动带出	*合同支付比例：	系统自动	*附件个数：	系统自动
备注/摘要：	手工填写				

结算信息：

序号	累计结算金额	累计已收票金额	累计已付款金额	按合同累计应付	申请支付金额	总扣款金额	立支付金额（原结算币	应支付金额（支付币	结算币种	支付币种	汇率
	自动带出	自动带出	自动带出	自动带出	手动填写	自动带出	自动带出	自动带出	自动带出	自动带出	择，默认同结

默认为项目单位，若选择其他单位带出银行

结算子表信息：

序号	关联结算单号	结算金额	已收票金额	已支付金额	应付金额	申请支付金额	
1	检索选择	自动带出	自动带出	自动带出	自动带出	手动填写	添加

扣款信息：

序号	扣款类型	扣款事由	扣款金额	
1	下拉选择	手动填写	手动填写	添加

预付款冲销信息：

序号	预付款单号	预付款金额	本次核销金额	剩余未核销金额	在途预付	实际已核销预付	
1	系统自动	系统自动	系统自动，可修改	系统自动	系统自动	系统自动	添加

已缴纳保证金（押金）冲抵本次付款：

*原保证金单据：检索选择　*本次冲抵金额：自动带出（余额）可修改　*原保证金余额：自动带出　*原保证金类型：保证金类型1 可添加

收款账户信息：

	账户名称	收款账号	开户行	付款摘要	支付方式	支付单位	付款币种
1	系统自动	系统自动	系统自动	自动带出，可修改	下拉选择	检索选择	自动带出

可依照路径，手工添加

附件：

序号	名称	
1		添加

可手动添加

图 5-18　付款单

三、采购合同数据源

采购合同是企业(供方)与分供方，经过双方谈判协商一致同意而签订的“供需关系”的法律性文件，合同双方都应遵守和履行，并且是双方联系的共同语言基础，是采购至应付流程最为重要的数据来源之一。签订合同的双方都有各自的经济目的，采购合同是经济合同，双方受《中华人民共和国经济合同法》保护并共同承担责任。

采购合同是商务性的契约文件，其内容条款一般应包括：供方与分供方的全名、法定代表人，以及双方的通信联系的电话、电报、电传等；采购货品的名称、型号和规格，以及采购的数量；价格和交货期；交付方式和交货地点；质量要求和验收方法，以及不合格品的处理，当另订有质量协议时，则在采购合同中写明见“质量协议”；违约的责任。

合同中包含重要的字段信息有合同编号、合同名称、合同付款条件、销售类型、销售日期、销售金额、商品名称、规格、生产企业、单位、数量和备注等。图 5-19 为采购合同示例。

采购合同

买方（甲方）：＿＿＿＿＿＿＿＿　　　签订时间：＿＿＿＿＿＿＿＿＿
卖方（乙方）：＿＿＿＿＿＿＿＿　　　签订地点：＿＿＿＿＿＿＿＿＿

根据《中华人民共和国合同法》甲乙双方签订本合同。

一、采购物品

编号	项目明细	单位	数量	单价	总价
1					
2					
3					
4					
				合计：	

二、商品质量标准及质量保证

2.1商品质量要求及技术标准，按原厂家制定的技术标准执行。

2.2乙方保证，本合同买卖标准没有因设计、材料或人工引起的瑕疵。在商品验收日后一年内乙方应按产品厂家保修条约负责家私保修，但因甲方人为因素产生的质量问题除外。

三、交货及验收

1. 送货时间：合同签订后十五个工作天内。
2. 乙方向甲方送货上门至甲方指定的东莞市内任何地点。
3. 商品正常到达甲方公司所在地后，甲、乙双方应派员开箱验收，多商品包装、数量、质量进行验收，并签署验货情况记录，如在验收过程中发现有损坏的或质量瑕疵的，乙方给与更换；无故逾时不验收视为全部货品合格，甲方丧失异议权。
4. 验收有关单据将作为双方最终结算依据。

四、付款：

甲方按以下方式支付货款：

1.交货并经采购人验收合格，办理完验收手续后向供应商一次性支付100%货款。

五、违约责任：

1.乙方未能交付物品，则向甲方支付合同总额5%的违约金。
2.乙方交付的物品不符合合同规定的，甲方有权拒收，乙方向甲方支付合同总额5%的违约金。

图 5-19　采购合同

四、供应商信息数据源

供应商是向企业及其竞争对手供应各种所需资源的企业和个人，包括提供原材料、设备、能源、劳务等。系统中一般对供应商主数据都有维护。图 5-20 为供应商地址创建示例，图 5-21 为供应商采购数据创建示例。

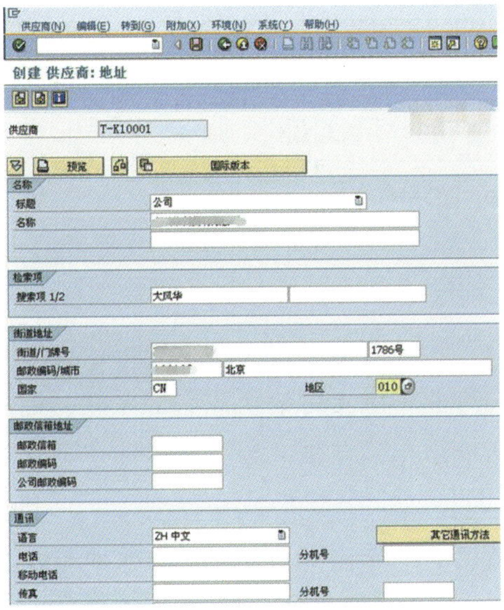

图 5-20　供应商地址创建

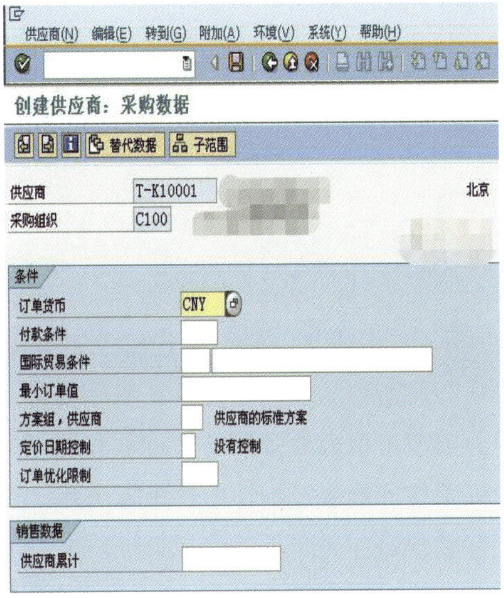

图 5-21　供应商采购数据创建

供应商信息的内容主要包括以下四个方面：①供应商基础资料，也就是公司掌握的供应商最基本的原始资料，主要包括供应商名称、供应商地址、开户银行、开户账号、联系人、联系电话、传真、E-mail 等；②供应商特征信息，包括供应能力、发展潜力、企业规模和知名度等；③供应商业务状况，主要包括目前及以往的销售实绩、与其他竞争公司的关系、与本公司的业务联系及合作态度等；④交易活动现状，主要包括供应商的交货状况、存在的问题、保持的优势、企业信誉与形象、信用状况、财务状况等。

供应商信息中的一些重要字段包括供应商名称、供应商地址、供应商开户银行、供应商开户账号、供应商联系人、供应商联系电话、供应商传真、供应商 E-mail、供应商供应能力、供应商发展潜力、企业规模和知名度、供应商 5 年内销售实绩、与其他竞争公司的关系、与本公司业务联系及合作态度、供应商交货状况、供应商存在的问题、供应商优势、供应商信誉与形象、供应商信用状况、供应商财务状况等。

供应商分级是指以一定的标准将供应商区分级别，以便在后续区分不同的管理方法、优先级和投入资源。供应商分为战略供应商、优选供应商、资格未定供应商、消极淘汰供应商、积极淘汰供应商五个级别，分级示例如图 5-22 所示。分级后可体现区别对待的管理方式，对于关键供应商如战略供应商(主要优势是有关键技术、难以被替代的供应商为战略供应商)，建议是投入大部分可用资源。①保持长期合作，签订长期合同(内容可参考：承诺现存产品合作年限、明确知识产权归属、是否提供优先拒绝权；相应地，也需要通过长期合同得到回报，可商议供应方给到的年度降本、质量年度优化的担保等)，明确期望，也形成约束。②定期召开季度会议，包括双方高层、采购、质量、技术团队，进行绩效管理。③成立供应商改进小组，督促并帮助改进，进行设计、工艺优化。对于新生意等也同样，确保资源偏向增长型伙伴。而相应地，对于资格未定供应商、淘汰供应商，则在此基础上做减法，合理分配资源。

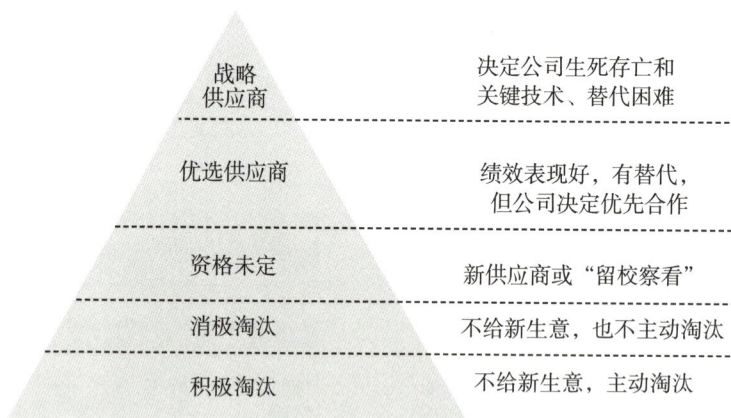

图 5-22　供应商级别

五、应付账款台账数据源

应付账款是指企业因购买材料、商品或接受劳务供应等业务应支付给供应者的账款，是由于在购销活动中买卖双方取得物资与支付货款在时间上的不一致而产生的负债。为了更好地记录每笔应付账款，财务人员往往会手工制作应付账款台账。

应付账款台账在月末反映与每个供应商之间的应付款项的结算情况。从应付台账中可以清楚地看到每笔款项是否已结清、未付金额及付款紧急程度，便于采购部在资金计划范畴内合理地支付每笔账款。其中包含重要的字段有摘要、供应商、业务员、账期(天)、是否开票、应付金额、付款金额、欠款金额、开票日期、应付款日期、超期(天)、付款标志等。图 5-23 为应付账款台账示例。

应付账款台账

日期	摘要	供应商	业务员	账期 (天)	是否开票	应付金额	发票编号	开票日期	应付款日期	付款金额	欠款金额	超期 (天)	付款标志	备注

图 5-23　应付账款台账

六、发票信息数据源

　　税法规定在购买商品、接受服务及从事其他经营活动支付款项时，应当向收款方取得符合规定的发票，不符合规定的发票不得作为财务凭证入账。在采购环节中，购货方要向销货方(即供应商)支付增值税，供应商给购货方开具增值税发票。增值税发票将一个产品的最初生产到最终的消费之间各环节联系起来，体现了增值税的作用。其中包含重要的字段有名称、纳税人识别号、地址及电话、开户行及账号、开票日期、货物或应税劳务及服务名称、规格型号、单位、数量、单价、金额、税率、税额等。图 5-24 为增值税发票示例。

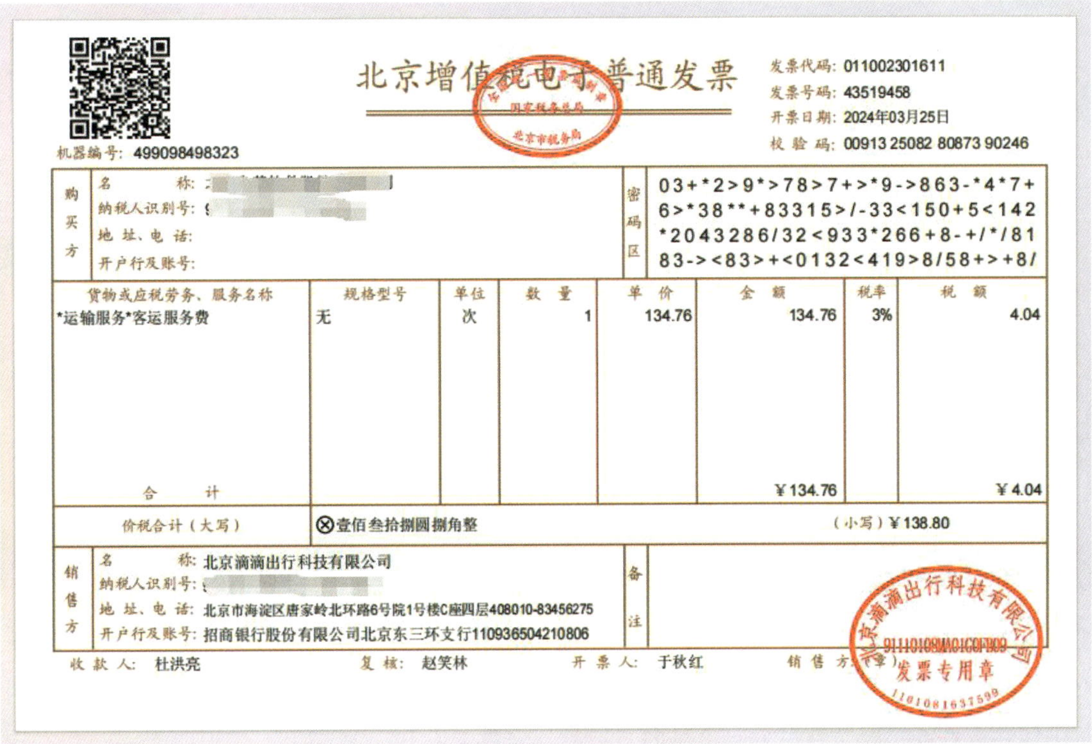

图 5-24　增值税发票

第三节　存货与成本的数据源

一、存货与成本流程的简介

存货与成本流程(inventory and cost)主要描述的是从原材料到加工完成所涉及的成本核算。其主要环节包括原材料入库、出库，以及库存盘点、成本归集、成本分摊、成本结转。

以某快消行业为例，其财务核算流程体系中存货与成本流程如下。

第一，原材料入库、出库。原材料入库业务分为到达货物接收和货物的验收入库两个主要环节。原材料入库按照性质可分为正常入库、退货入库(冲货)、调拨入库等。原材料出库就是在货款结清后，公司财务部门根据客户需要将物品取出来还给客户。

第二，库存盘点。库存盘点就是核实企业仓库的资产，仓库盘点的数据会影响到生产运营，它是运营管理的保证。

第三，成本归集。成本归集是对生产过程中所发生的各种费用，按一定的对象，如各种产品、作业及各个车间部门所进行的分类、汇总。

第四，成本分摊。成本分摊在各类用户间分摊成本，或者按照认定发生费用的成本条目分摊成本。

第五，成本结转。成本结转是在期末结账时将某个账户的余额或差额转入另一个账户。在确认相应的主营业务收入时，要应用配比原则，进行成本的结转，也就说确认一项营业收入，就必须要有营业成本与之配比。

存货与成本主要财务流程如表 5-2 所示。

表 5-2　存货与成本主要财务流程

一级流程	二级流程	三级流程
存货与成本流程	成本期末结转与分摊	成本关账清单管理
		成本结转与分摊
		成本关账
	存货管理	存货盘点
		存货报废
		存货跌价准备

二、存货与成本流程的关键业务表单

存货与成本流程需要相应的业务表单及信息字段承载业务信息，其中较为重要的单据包括入库单、出库单、成本结转单等。

入库单是购进原材料和消耗品，出库单是在生产产品时领用的原材料，都是仓库保管员必须制的单。其中包含重要的字段信息有编码、品名、数量、金额、附注、采购员、供应商等。图 5-25 为入库单与出库单示例。

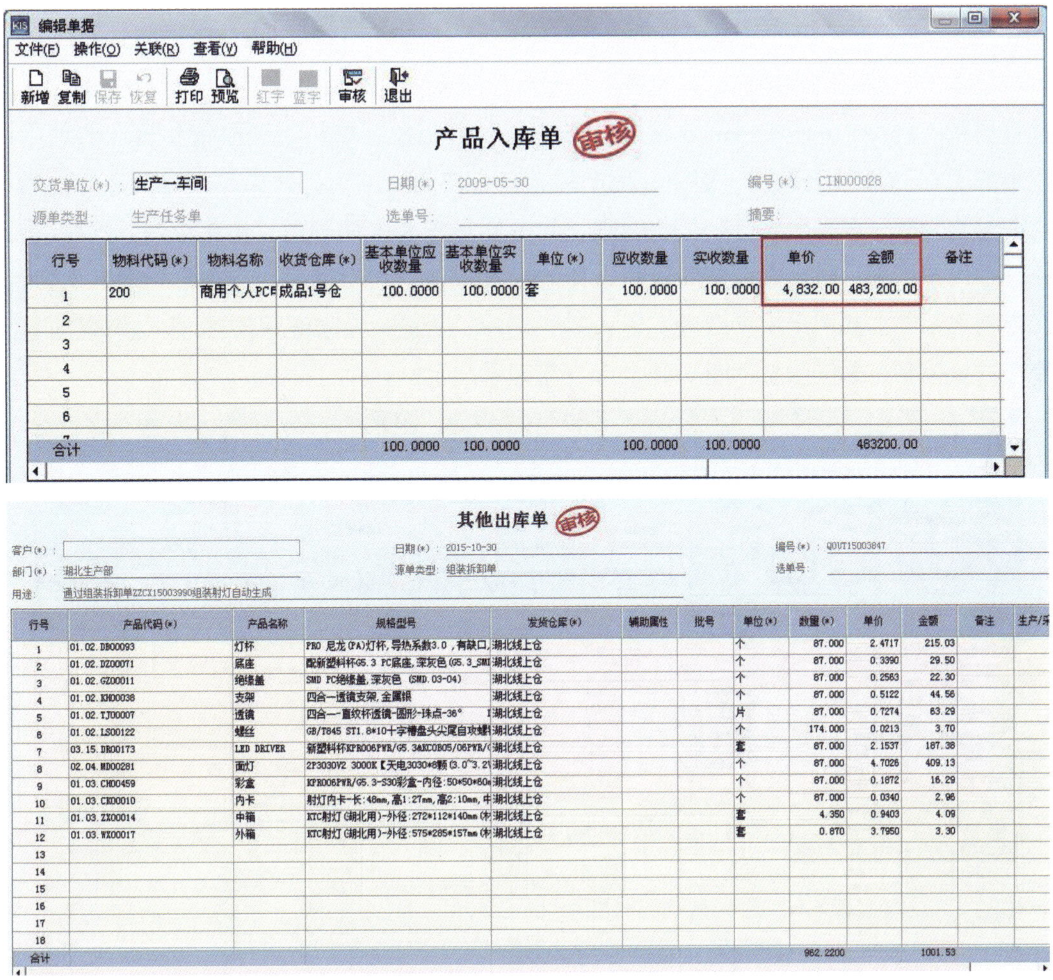

图 5-25　入库单与出库单

成本结转单是指在归集产品生产费用的基础上计算确定本期完工产品生产成本和产品销售成本并加以记录的账务处理单。其中包含重要的字段信息有批号、产品名称、批量、直接材料、直接人工、制造费用、成本合计等。图 5-26 为成本结转单示例。

图 5-26　成本结转单

三、存货与成本数据源

存货与成本的数据源比较多样，其大多来自库存管理系统、商品采购系统、存货核算系统。

库存管理系统(inventory management system)是一个企业、单位用于决策和管理的数据库系统。库存管理系统可广泛适用于批发、零售、生产的企业、商店、门市、仓库等，对商品的进货、销售、库存，财务的收付款、客户账进行一体化管理。其主要功能有入库管理、出库管理、收付款管理、商品资料管理、用户信息，以及客户资料管理、其他收入管理、支出管理，还有各种明细账查询和其他功能。库存管理系统主要用于库存管理，以入库、出库、查询为主要应用类型建立相应的事务处理，让货物库存数量控制在最佳状态。图 5-27 为库存管理系统示例。

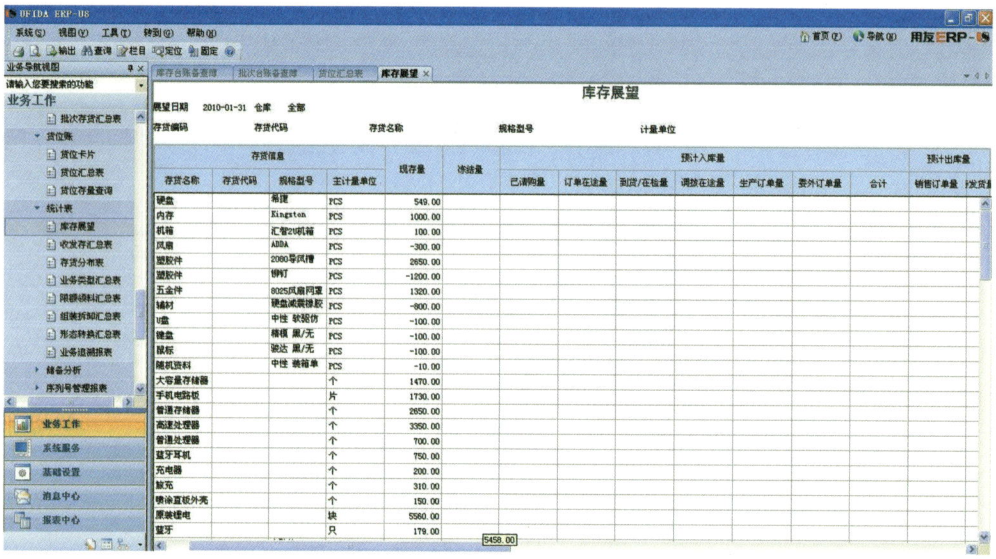

图 5-27　库存管理系统

商品采购系统可以通过订单的系统录入，对企业的库存进行直观的展示。图 5-28 为商品采购明细表示例。

图 5-28　商品采购明细表

存货核算是指对企业存货价值(即成本)的计量，用于工商业企业存货出入库核算、存货出入库凭证处理、核算报表查询、期初期末处理及相关资料维护。

存货与成本中包含重要的字段信息有编号、采购日期、交货单位、产品代码、发货单位、收货单位、交货人、验收人、入库人、供应商、采购员、采购部门、源单类型、源单号、预计入库量、预计出库量、存货信息等。

第四节　资产管理的数据源

一、资产管理流程的简介

资产管理流程(enterprise asset management)，部分企业将其简称为 EAM 流程，该流程主要描述的是以资产、设备台账为基础，以工作单的提交、审批、执行为主线，按照资产缺陷处理、维护，以提高资产综合利用率、降低预算成本投入为目标，将采购管理、库存管理、人力资源管理集成在一个数据信息管理系统之中。流程的主要环节包括资产盘点、资产转固等。

以某快消行业为例，其财务核算流程体系中资产管理流程如下。

第一，资产新增与维护。资产新增与维护是对资产信息的增、删、改、查进行维护，其中包括资产的新增、盘点、调拨及减值准备。

第二，资产处置与报废。资产处置是指资产占用单位转移、变更和核销其占有、使用的资产部分或全部所有权、使用权，以及改变资产性质或用途的行为。资产报废是固定资产由于参加生产或某种特殊原因，丧失其使用价值而发生的废弃。资产报废时，应先由使用部门和固定资产管理部门提出申请，按报废清理对象填制固定资产报废单，详细说明固定资产的技术状况和报废原因，经有关部门进行技术鉴定，再经企业领导或上级部门批准后作为企业进行固定资产清理业务的凭证，据以进行清理。经有关部门审查批准后的固定资产报废单，应送交会计部门一份，作为组织固定资产清理核算的依据。

第三，资产期末关账。资产期末关账指资产在期末时，启用新账之前关闭新账之前月份的记账功能，如资产计提折旧与摊销、企业资产关账清理管理等。

资产管理主要财务流程如表 5-3 所示。

表 5-3　资产管理主要财务流程

一级流程	二级流程	三级流程
资产管理流程	资产新增与维护	资产新增
		资产盘点
		资产调拨
		资产减值准备
	资产处置与报废	资产报废
		资产处置
	资产期末关账	资产计提折旧与摊销
		资产关账清单管理
		资产差错更正
		资产关账

二、资产管理流程的关键业务表单

资产管理流程需要相应的业务表单及信息字段承载业务信息，其中较为重要的单据是资产卡片、新增资产、资产处置等业务表单。

第一，资产卡片。资产卡片是用来记录资产信息的单据，在卡片上可以记录资产的财务信息、实物信息、附属设备信息、使用分配信息等。其中包含重要的字段信息有单位名称、卡片编号、资产类别、资产编号、购入日期、采购金额、存放地点等。图 5-29 为资产卡片示例。

单位名称：	
卡片编号：	
资产类别： □房屋建筑 □机械设备 □办公设备 □车辆 □仪器 □家具 □其他	
资产编号：	资产名称：
品牌型号：	生产厂商：
购入日期：	启用日期：
采购人员：	采购金额：
使用状态：	存放地点：

使用记录					
使用部门	使用人员	保管人员	领用日期	移交日期	（粘贴资产正面及侧面照片两张）
备注：					

图 5-29 资产卡片

第二，新增资产。新增资产是一定时期内通过投资活动所形成的新的资产价值。其中包含重要的字段信息有编号、名称、类别、责任部门、状态、领用人、折旧年限、残值率等。图 5-30 为新增资产示例。

基本信息

编号：	002	*名称：	起重机械	类别：	施工机械设备	图片：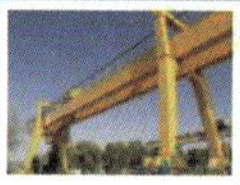
规格：	台	测量范围：	6-30米	准确度：		
制造商：		出厂编号：	02891	发票金额(元)：	50,000.00	
发票日期：	2019-11-01	采购人：	罗丹	质保到期日：	2020-11-03	
折旧年限(年)：	10	残值率(%)：	5	检定机构：	宏达机械检定中心	
检定周期(月)：	1	检定编号：	090	检定日：	2019-11-03	
检定结果：	合格	检定到期日：	2019-11-04	领用人：	薛保丰	
*责任部门：	工程部	*状态：	领用			
备注：	1、LD型电动单梁起重机具有结果合理，整机钢性强的特点 2、整机与CD型、MD型电动葫芦配套使用，是一种轻小型的起重机械。 3、其起重量为1t-20t，跨度为7.5-28.5m，工作级别为A3-A4，工作温度为-25-40℃。 4、本产品广泛用于工厂、仓库、料场祷同吊运货物，禁止在易燃、易爆、腐蚀性介质中使用。 5、本产品设有地面和操纵室两种操作形式，操纵室有开式、闭式两种，可根据实际情况分为左装与右装两种形式。 卸下主减速器传动轴，用手转动其输入轴，发现有近30°的转动间隙，于是判定是主减速器啮合间隙过大。拆下主减速器，测得其啮合间隙为0.65mm(值为0.30-0.50mm)。调节锥齿位置，使其与锥齿轮的啮合间隙为0.35mm。重新装配后试机，挂各挡位时仍存在挂挡冲击现象并发出异响，程度仅比原来略有减轻，但故障依旧。						

附件

文件名称	上传人	上传时间				
购买发票.pdf	zx	2020-06-08 14:17:39	查看	下载	转存	删除
机械实拍图.jpg	zx	2020-06-08 14:17:40	查看	下载		

图 5-30 新增资产

第三，资产处置。资产处置是指资产占用单位转移、变更和核销其占有、使用的资产部分或全部所有权、使用权，以及改变资产性质或用途的行为。其中包含重要的字段信息有申请部门、处置类型、资产类型、资产编码、名称、数量、累计折旧、净值、日期等。图 5-31 为固定资产处置申请表示例。

固定资产处置申请表

申请部门:　　处置类型：1出售 □　2报废 □　3盘盈 □　4盘亏 □　　日期：

资产类型	资产编码	存放地点	名称	规格及型号	单位	数量	原值	累计折旧	净值	购入日期	已使用年限	备注
标准设备	li-1245	5栋-4F01	xx打印设备	liz99	pcs	1	73610	30240	43370	2016/8/1	4	
合计												
处置申请理由												
鉴定小组审核												

使用部门意见:	财务部门意见:	分管领导意见：□同意 □不同意	董事长意见: □同意 □不同意

备注：1 固定资产价值信息由财务部门填写。
2 设备的报废要设备课负责人确认，办公设备由资讯部负责人审核。

*单据编码:	系统自动	*组织机构:	系统自动	*提单日期:	系统自动
*申请人:	系统自动	*申请人部门:	系统自动	*项目名称:	系统自动
*币种:	系统自动	*事由:	手工填写		

处置信息:

*资产处置方式:	下拉选择	*资产账面余额:	自动带出	*对价金额/公允价值:	手工填写	*残料收入

附加信息:

备注	附件	附件个数
手工填写	添加	手工填写

图 5-31　固定资产处置申请表

三、资产管理数据源

资产管理数据源基本来源有采购订单、资产卡片及资产安装、使用、维修、处置等资产全生命周期的详细业务信息。其中，安装涉及人员、金额、物流等信息；使用涉及资产被使用的记录信息，这影响资产的价值如何被分摊，有的资产不用统计按时间分摊，有的可以精确地统计哪些产品或业务使用到了具体的资产，如数控机床；还有资产维修涉及维修日志、人员等信息。其中包含重要的字段信息有单位名称、卡片编号、资产类别、资产编号、品牌型号、资产名称、生产厂商、购入日期、启用日期、采购人员、采购金额、使用状态、存放地点、使用记录等。

第五节　费用报销的数据源

一、费用报销流程的简介

费用报销流程主要描述的是从员工信用管理到备用金处理、费用报销处理、费用报销期末关账，最后进行费用报销分析的全流程。流程的主要环节包括备用金借款审核、费用报销审核、费用报销关账、备用金分析报告、费用分析报告等。

以某快消行业为例，其财务核算流程体系中费用报销流程如下。

第一，员工信用管理。员工信用管理是指为员工建立信用档案，运用一定的评价标准与方法，定期或不定期对员工的报账质量和信用进行评价。在员工信用管理模式下，财务人员审核会既看单据又看"人"，并不是看报账人员的岗位和职级，而是看信用等级。

第二，备用金处理。备用金一般是指企业借给员工备作差旅费、零星采购或零星开支等的款项，就是允许员工以借款形式提前支取一定金额钱款的行为，通常金额不会太大，时间也不会太长。备用金处理流程包括备用金借款和备用金还款，一般流程为：申请人填借款单或暂支单；领导签字；财务支付款项；还款时填写报销单；领导签字；财务冲销借款；多退少补。

第三，费用报销处理。费用报销流程是指企业对报销人提出申请的符合报销规定的差旅费、交通费、业务招待费等进行报销的行为。一般流程为：报销人发起报销申请，填制费用报销单；报销人部门负责人或上级主管确认签字；财务主管审核报销单、票据；公司总经理审批；出纳复核并履行付款。

第四，费用报销期末关账。关账是会计电算化里面的术语，指启用新账之前关闭新账之前月份的记账功能。关账之后，包括当月会计凭证的录入、修改、审核、结转功能都不能用了。关账是为了确认当期收入、费用、支出等经济业务，截至关账前的所有经济业务都属于当期，是为之后的结账服务。

第五，费用报销分析。费用报销分析是指年末财务人员对年度内费用报销情况进行整理分析、出具分析报告的行为，包含备用金分析报告及费用分析报告两部分。

费用报销主要财务流程如表 5-4 所示。

表 5-4　费用报销主要财务流程

一级流程	二级流程	三级流程
员工费用报销流程	员工信用管理	员工信用评定
		员工信用分析与调整
	备用金处理	备用金借款
		备用金还款
	费用报销处理	费用报销接收
		费用报销审核与核算
	费用报销期末关账	费用报销关账清单管理
		员工费用报销科目检查与差错更正
		费用报销关账
	费用报销分析	备用金分析报告
		费用分析报告

费用报销主要流程如图 5-32 所示。

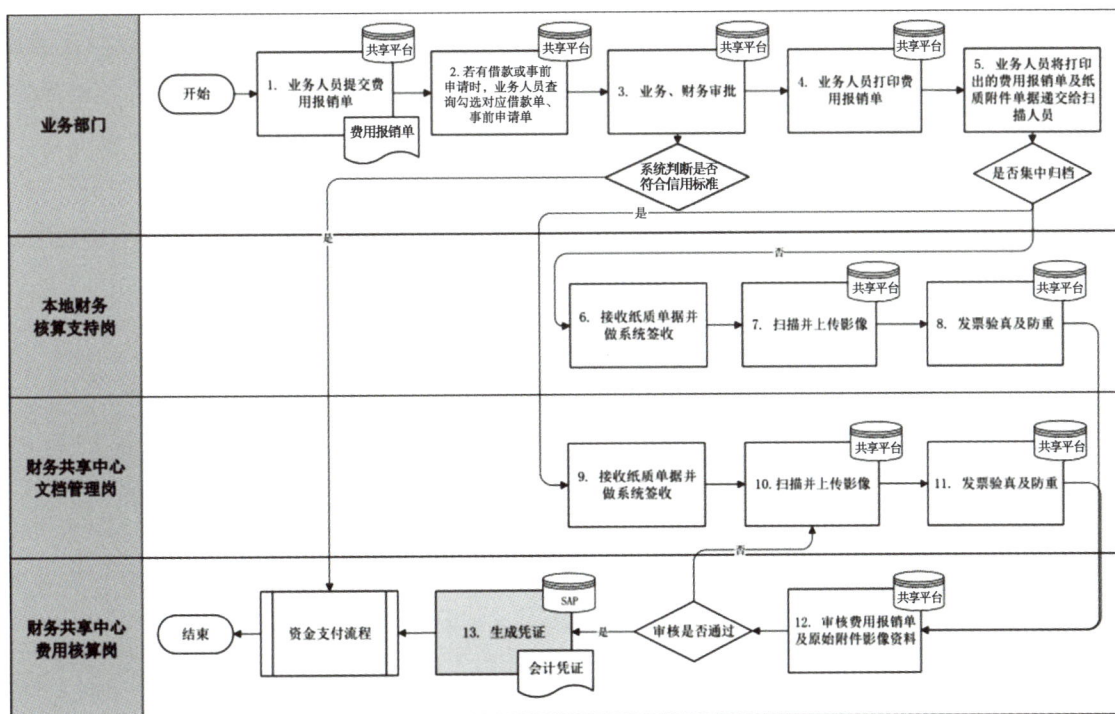

图 5-32 费用报销流程

二、费用报销流程的关键业务表单

费用报销流程需要相应的业务表单及信息字段承载业务信息，如员工借款单、事前申请单、差旅费报销单、通用报销单、费用分割单等。

(一)员工借款单

员工借款单是指员工因工作或业务需要，在完成相关报销或付款手续之前，需要提前借款办理业务而填写的单据。其中包含重要的字段信息有申请人、申请部门、申请日期、借款金额、付款方式、借款人、备注等。图 5-33 为员工借款单示例。

图 5-33 员工借款单

(二)事前申请单

事前申请是开始事项的起点，表示事项经过批准即可以按照计划或相关规定执行。对于差旅费、业务招待费、大额办公费等事项，都需要填写事前申请单。以差旅申请单为例，其中包含重要的字段信息有填单人、填单日期、出差人、出差人部门、法人主体、出发日期、回程日期、出差天数、业务说明等。图 5-34 为差旅申请单示例。

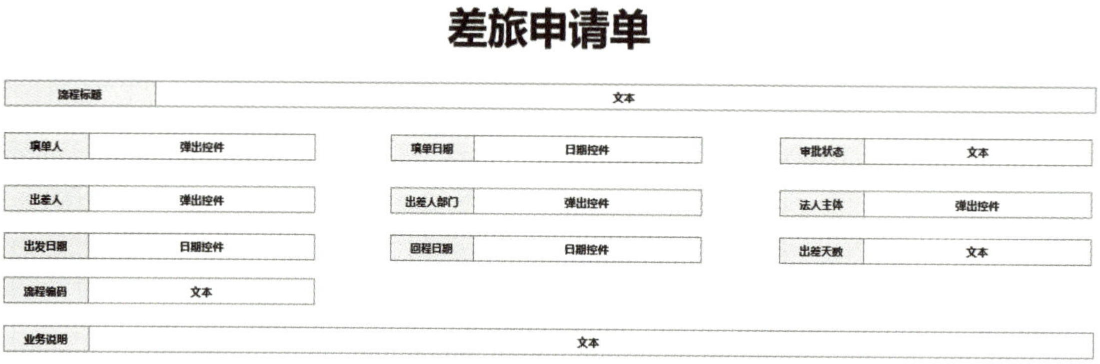

图 5-34　差旅申请单

(三)差旅费报销单

差旅费报销单是指员工在出差完毕回到企业后，用于报销出差期间的各项费用而填写的费用报销单。这里的差旅费是指工作人员临时到常驻地以外地区公务出差所发生的各项费用，其报销范围一般包括交通费、住宿费、伙食补助费、通信费和杂费等。其中包含重要的字段信息有申请人、申请部门、申请日期、币种、事由、可冲销借款金额、报销金额等。图 5-35 为差旅费报销单示例。

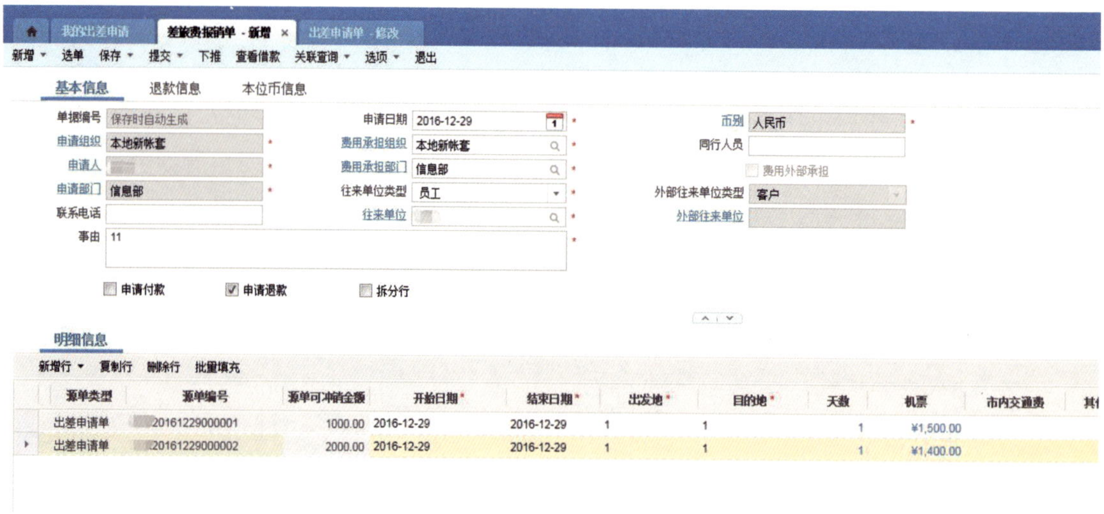

图 5-35　差旅费报销单

(四)通用报销单

报销单是指企业或公司给以开支报销的凭证，通用报销单即除差旅费之外的其他各类费用报销时所需填写的单据。其中包含重要的字段信息有报销人、报销人所在部门、报销日期、所属项目、报销总金额等。图 5-36 为通用报销单示例。

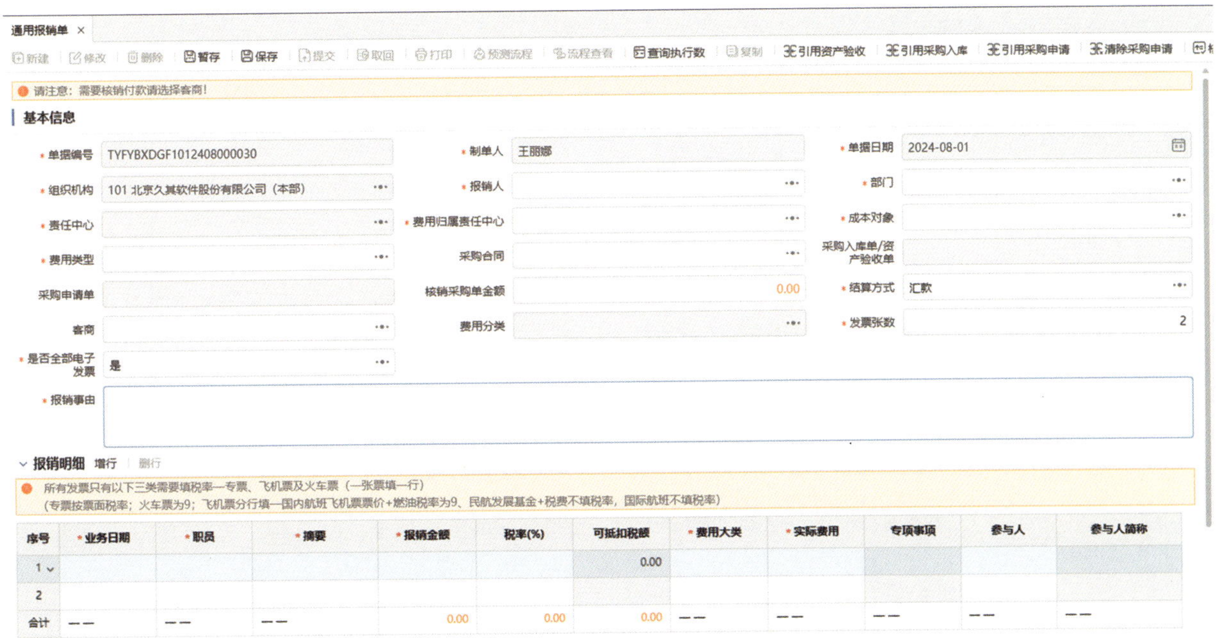

图 5-36　通用报销单

（五）费用分割单

分割单又称原始凭证分割单，一张原始凭证所列支出需要几个单位共同负担的，应当将其他单位负担的部分，开给对方原始凭证分割单，进行结算。费用分割单则主要用于费用报销事项报销完毕后，所报销金额在涉及的不同部门之间进行费用分割。其中包含重要的字段信息有分割金额、费用分割原因等。图 5-37 为费用分割单示例。

<table>
<tr><td colspan="2">付款单位名称</td><td colspan="3"></td></tr>
<tr><td colspan="2">付款单位纳税人识别号</td><td colspan="3"></td></tr>
<tr><td rowspan="4">原始发票</td><td>收款单位名称</td><td colspan="3"></td></tr>
<tr><td>收款单位纳税人识别号</td><td colspan="3"></td></tr>
<tr><td>费用名称</td><td>发票日期</td><td>发票号码</td><td></td></tr>
<tr><td>总金额</td><td>（小写）￥</td><td>（大写）人民币</td><td>拾 万 仟 佰 拾 元 角 分</td></tr>
<tr><td>分割金额</td><td colspan="2">（小写）￥</td><td>（大写）人民币</td><td>拾 万 仟 佰 拾 元 角 分</td></tr>
<tr><td>费用分割原因</td><td colspan="4">因原始发票为收款单位汇总开具，无法分解，现按付款单位实际使用量进行费用分割。计费期间为：　　起始计量数：
终止计量数：　　，实际用量数：　　，计费单价：　　元/度（吨）</td></tr>
</table>

图 5-37　费用分割单

三、费用报销相关数据源

除了上述模块中介绍的合同、增值税发票的数据源外，费用报销模块还包含一些其他的数据源，如差旅行程、机票行程单、火车票报销凭证、出租车发票、过路费发票、餐饮清单（消费明细）、会议邀请函（报销时的证明）等。

四、费用报销单数据源

费用报销单是费用报销流程最为重要的数据来源之一，其中包含重要的字段信息有申请人信息、金额、费用类型等(见表 5-5)。

表 5-5　费用报销单字段

字段名	字段说明
选项：申请付款	勾选"申请付款"时，表体"申请付款金额"字段为可编辑状态且必录(必须大于零)。直接新增的报销单，系统默认勾选申请付款；通过上游单据(申请单/历史借款单)下推的报销单，由于下推报销金额默认是等于源单可冲销金额的，在下推当时不会勾选"申请付款"，当存在更改费用金额，并且费用金额＞源单可冲销金额时，系统默认勾选"申请付款"，可自行修改
	不选中"申请付款"时，表体中"申请付款金额"和付款相关信息是隐藏的，也不会下推付款单
	"申请付款""申请退款"两参数互斥，不能同时选择
	勾选"申请付款"，结算方式为银行业务时，历史银行账号信息需在有个成功的付款记录之后才会显示出来。首次报销，则需手工录入
选项：申请退款	勾选"申请退款"时，表体"申请退款金额"为可编辑状态且必录(必须大于零)；不选中"申请退款"时，表体中"申请退款金额"和退款相关字段是隐藏的。该参数与上述"申请付款"参数互斥，不可同时选择
选项：实报实付	勾选"实报实付"时，报销单审核不会产生其他应付单，勾选"实报实付"务必勾选"申请付款"，否则该单据无法付款也无法核销
选项：多收款人	勾选"多收款人"时，显示"多收款人"页签，标准产品仅在往来单位为员工时，"多收款人"才可以编辑
发票类型	支持普通发票、增值税发票的报销
	增值税发票和普通发票均可录入税率，费用金额不含税金额，最终的报销金额为含税金额。如果发票的税额是不可以抵扣的，报销填写的费用金额需直接填写含税金额，同时不需要录入税率、税额
费用金额	费用的实际发生额，必须大于零
	当对应的发票税额可以抵扣时，费用金额填写不含税金额；当对应的发票税额不可以抵扣时，费用金额填写含税金额
	费用报销单下推费用移转单时，使用"费用金额"下推
税率	当报销的发票税额可以抵扣时，则需要填写税率
	税额不可以抵扣时，就不用填写税率
税额	税额＝税率×费用金额
申请报销金额	申请报销的金额
	申请报销金额＝费用金额＋税额
申请付款金额	申请付款的金额；申请付款金额不能大于申请报销金额
申请退款金额	申请退款的金额

续表

字段名	字段说明
核定报销金额	默认等于申请报销金额，业务审核时可修改，为审核时确认的报销额
核定付款金额	默认等于申请付款金额，业务审核时可修改，为审核确认的付款额。核定付款金额不能大于核定报销金额
核定退款金额	默认等于申请退款金额，业务审核时可修改，为审核确认的退款额
选项：费用外部承担	勾选，则整单的费用承担组织为外部门，如客户、供应商等外部单位，"外部往来单位类型""外部往来单位"可录入。勾选时，只提供付款，不提供退款流程。提交或审核时，不同步生成其他应付单，可下推生成付款单、其他应收单，不参与自动核销。源单为借款单时，不允许勾选。费用汇总表、借款跟踪表不包含勾选单据数据
查询历史交易账号	申请付款，选择银行业务时，默认携带历史付款成功的银行账号，多个账号付款成功，则可通过查询历史交易账号，选择需要的账号
收票信息页签	默认携带收票时选择的发票的相关字段信息

第六节　资金管理的数据源

一、资金管理流程的简介

资金管理流程（financial management processes）是指与资金流动有关的程序和规定，它是企业收支两条线内部控制体系的重要组成部分，主要包括付款管理、银行账户管理、现金管理、资金计划与预测、集团内资金调拨、外汇管理六个二级流程，主要环节涵盖从付款申请到付款的发起至付款完成后银行回单的归档。资金管理流程主要环节包括资金支付、银行账户信息管理、银行对账、现金盘点等。

以某快消行业为例，其财务核算流程体系中资金管理流程如下。

第一，付款管理。付款管理指的是出纳人员对审批通过的应付账款，通过现金、银行转账、微信、支付宝、网银、现金支票、银行支票、电汇等方式进行付款的过程。付款管理流程具体包括转账支付、现金/支票/票据支付、紧急付款处理、付款失败与退回处理、信用证管理、保函管理等。

第二，银行账户管理。银行账户管理主要指对企业银行账户的维护，具体包含银行账户信息新增与变更、银行预留印鉴保管及使用、银行账户年度检查及银行对账。银行账户管理是企业资金管理的重要手段，也是资金管理的重要组成部分。因此，企业在日常经营过程中，关于银行账户的管理，需要考虑管理难度、监管责任及管理成本等各方面的因素，避免给企业带来不必要的风险。

第三，现金管理。现金管理的对象是现金的循环和周转的过程，最主要目标是让企业持有足够的现金以支付各种业务往来需要，同时将闲置资金减少到最低程度。现金管理主要内容包括：编制现金计划，以便合理地估计未来的现金需求；对日常的现金收支进行控制，力求加速收款，延缓付款；用特定的方法确定理想的现金余额，当企业实际的现金余额与理想的现金余额不一致时，采用短期融资策略或采用归还借款和投资有价证券等策略来达到理想状况。

第四，资金计划与预测。资金计划与预测是对未来一定期间资金回流和使用情况的预测，目的是保证现金流的稳定，维持企业的正常运营，最大程度避免资金链断裂的风险。其主要内容包括资金需要总量预测、资金追加需要量预测和资金变动趋势预测等。

第五，集团内资金调拨。集团内资金调拨是指集团不同法人主体之间因某种业务需要进行资金调度的过程，包括集团从子公司上收资金、集团下拨资金给子公司及子公司之间的资金调配。

第六，外汇管理。外汇管理亦称为外汇管制，是指对外汇的收支、买卖、借贷、转移及国际结算、外汇汇率和外汇市场所实施的一种限制性的政策措施。具体内容包括购汇、结汇及期末估值。

资金管理主要财务流程如表 5-6 所示。

表 5-6　资金管理主要财务流程

一级流程	二级流程	三级流程
资金管理	付款管理	转账支付
		现金/支票/票据支付
		紧急付款处理
		付款失败与退回处理
		信用证管理流程
		保函管理流程
	银行账户管理	银行账户信息新增
		银行账户信息变更
		银行预留印鉴保管及使用
		银行账户年度检查
		银行对账
	现金管理	现金存取与盘点
		支票管理
		票据管理
	资金计划与预测	资金计划编制
		资金计划调整
		资金预测及分析报告
	集团内资金调拨	资金上收
		资金下拨
		资金调配
	外汇管理	购汇业务处理
		结汇业务处理
		外币期末估值

二、资金管理流程的关键业务表单

资金管理流程需要相应的业务表单及信息字段承载业务信息，如付款单、资金调拨单等。其中较为重要的单据包括付款单和资金调拨单。

付款单是一种授权补款的凭证，即一种经过事前批准的反映现金支付业务的书面证明。其中包含重要的字段信息有业务日期、应付金额、实付金额、往来单位、结算方式、付款用途等。图 5-38 为付款单示例。

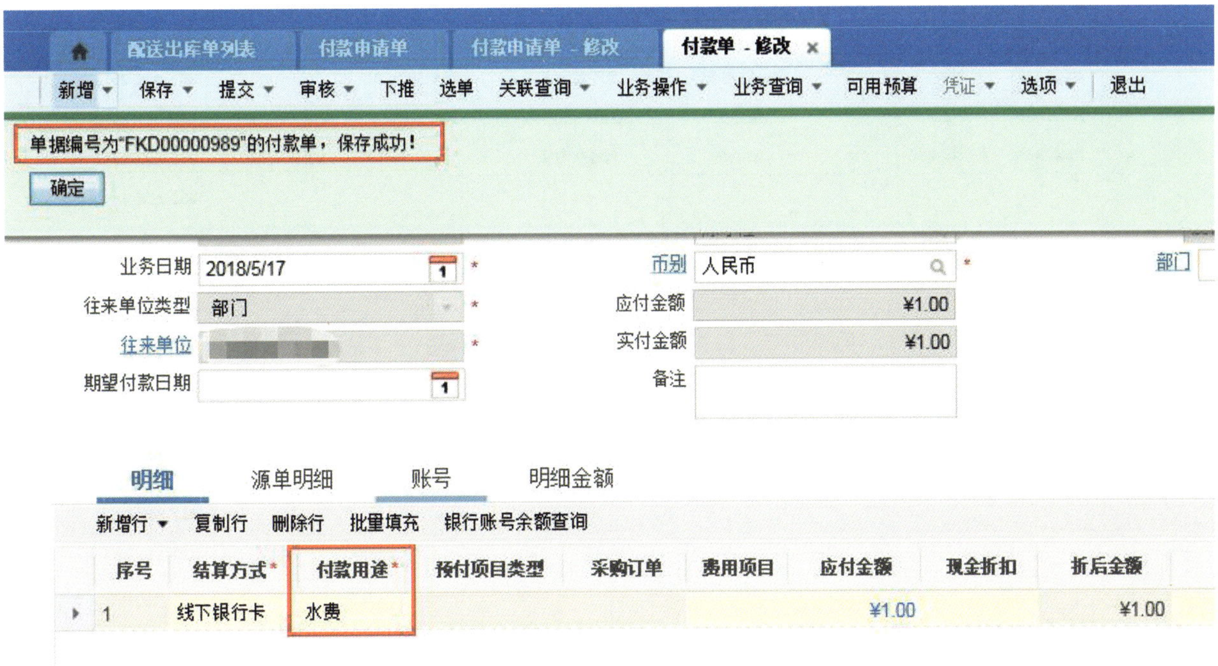

图 5-38　付款单

资金调拨单用于记录和承载不同资金组织之间两个银行账号的资金往来行为。其中包含重要的字段信息有结算方式、总金额、借出组织、借入组织、摘要等。图 5-39 为资金调拨单示例。

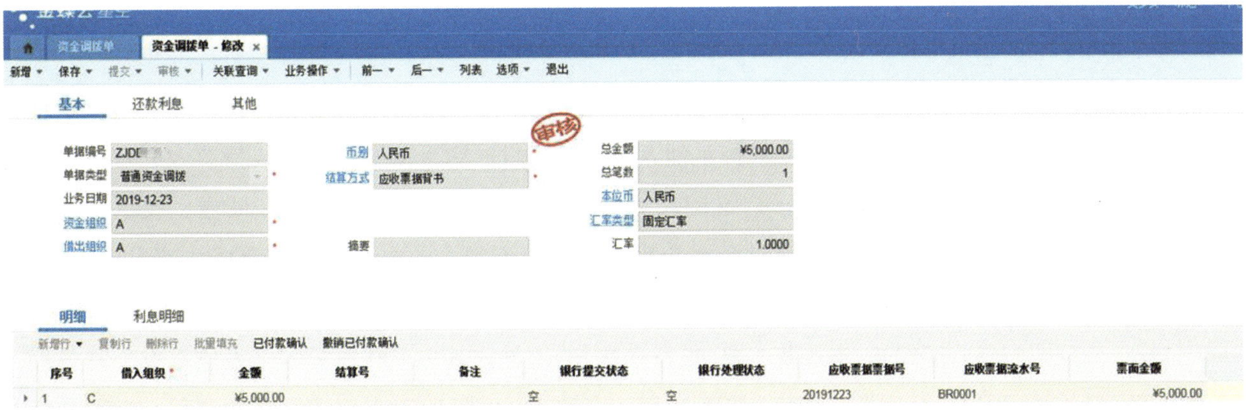

图 5-39　资金调拨单

三、现金收支往来台账数据源

现金收支往来台账即现金明细记录表，它是企业为了加强现金流的管理和更加详细地了解每一笔现金收入与支出的信息而设置的一种辅助账簿。其中包含重要的字段信息有日期、单据类型、单据号、收支项目、摘要、现金收入、现金支出、现金结余等。图 5-40 为现金收支表示例。

现金收支表

日期	单据类型	单据号	收支项目	摘要	现金收入	现金支出	现金结余
2020/4/1	发票	1	产品销售收入	A产品收入	¥36,283.88		¥36,283.88
2020/4/2	发票	2	产品销售收入	B产品收入	¥16,582.00		¥52,865.88
2020/4/3	借款单	3	差旅费	XX地考察学习		¥12,000.00	¥40,865.88
2020/4/4	费用报销单	4	水电费	4月水电费		¥8,260.00	¥32,605.88
							¥32,605.88
							¥32,605.88
							¥32,605.88
							¥32,605.88
							¥32,605.88
							¥32,605.88
							¥32,605.88
							¥32,605.88
							¥32,605.88
							¥32,605.88

主页　收支项目　银行账户　**现金收支表**　银行收支表　现金余额统计　银行账户余额统计　收支查询　＋

图 5-40　现金收支往来台账

四、付款申请单数据源

付款申请单是资金管理流程最为重要的数据来源之一。其中包含重要的字段信息有流程编号、公司名称、申请日期、经办人 、收款单位、合同编号、用款金额 、开户银行、银行账号 、出票银行、票据种类、用款原因等。

五、票据数据源

票据是指出票人依法签发的由自己或指示他人无条件支付一定金额给收款人或持票人的有价证券，即某些可以代替现金流通的有价证券。广义的票据泛指各种有价证券和凭证，如债券、股票、提单、国库券、发票等。狭义的票据仅指以支付金钱为目的的有价证券，即出票人根据票据法签发的，由自己无条件支付确定金额或委托他人无条件支付确定金额给收款人或持票人的有价证券。在我国，票据即汇票(银行汇票和商业汇票)、支票及本票(银行本票)的统称。其中包含重要的字段信息有交易日期、摘要、总账科目、明细科目、借方金额、贷方金额、出票人信息、收款人信息、开户银行、出票金额、到期日等。图 5-41 为银行承兑汇票示例。

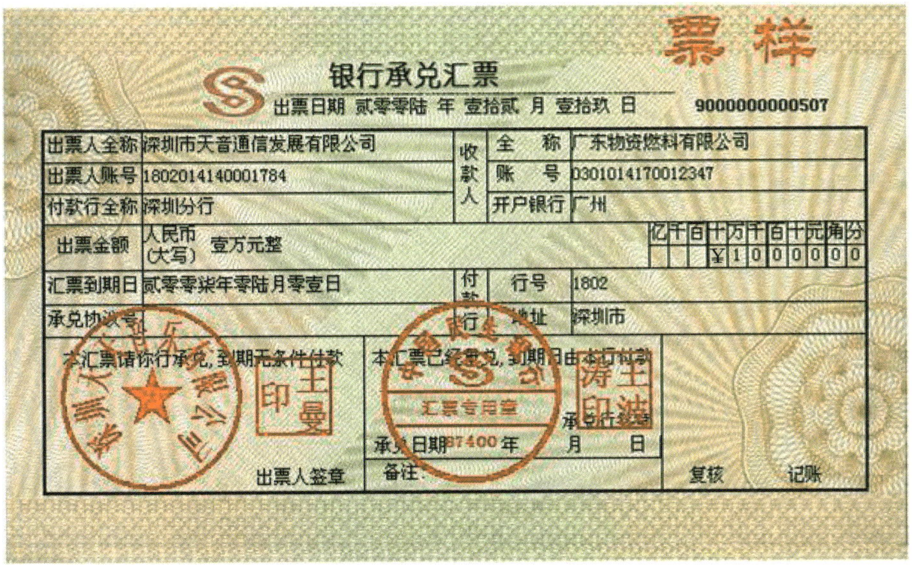
票样
银行承兑汇票
出票日期 贰零零陆 年 壹拾贰 月 壹拾玖 日 9000000000507

出票人全称	深圳市天音通信发展有限公司	收款人	全　称	广东物资燃料有限公司
出票人账号	1802014140001784		账　号	0301014170012347
付款行全称	深圳分行		开户银行	广州
出票金额	人民币（大写） 壹万元整			¥10000.00
汇票到期日	贰零零柒年零陆月零壹日	付款行	行号	1802
承兑协议号			地址	深圳市
本汇票请你行承兑，到期无条件付款 出票人签章		本汇票已经承兑，到期日由本行付款 承兑行签章 承兑日期 年 月 日 备注：		复核 记账

图 5-41　银行承兑汇票

六、银行回单数据源

银行回单是指在银行办理业务以后，银行方出示的一个有效凭证，可以证明在银行办理了某种业务。银行回单的主要作用就是证明单笔交易，并没有其他作用。如果需要有法律证明的凭证，需要银行方打印交易明细，所以银行回单并不具备法律效力。常见的银行回单有 ATM 机回单、柜台回单、对账回单及电子回单等。纸质回单在使用完毕以后最好进行销毁，因为回单会留有一些交易信息。其中包含重要的字段信息有交易日期、凭证号、交易流水号、付款人信息、收款人信息、金额、用途、摘要、业务种类、币别、开户银行等。图 5-42 为银行回单示例。

中国建设银行网上银行电子回单							
币别：	人民币	日期：	2013-3-25	凭证号：		交易流水号：	
付款人	全　称	付款公司全称×××		收　款　人	全　称	收款公司全称×××	
	账　号				账　号	32201988738050315260	
	开户行	建设银行××省××分行			开户行		
大写金额				小写金额			
用　途	税款					中国建设银行 电子回单 专用章	
钞汇标志	钞户						
重要提示：电子回单可重复打印，如您已通过银行柜台取得相应纸质回单，请注意核对，勿重复记账。							
第 1 次补打。							

图 5-42　银行回单

七、银行对账单数据源

银行对账单(bank reconciliation)是银行和企业核对账务的联系单，也是证实企业业务往来的记录，可以作为企业资金流动的依据，最重要的是可以认定企业某一时段的资金规模。就银行对账单的概念来说，银行对账单反映的主体是银行和企业，反映的内容是企业的资金，反映的形式是对企业资金流转的记录。就其用途来说，银行对账单是银行和企业之间对资金流转情况进行核对和确认的凭单。就其特征来说，银行对账单具有客观性、真实性、全面性等基本特征。其中包含重要的字段信息有交易日期、摘要、结算方式、结算号、借方发生额、贷方发生额、借方发生总额、贷方发生总额、余额、合计笔数、流水号等。图 5-43 为银行对账单示例。

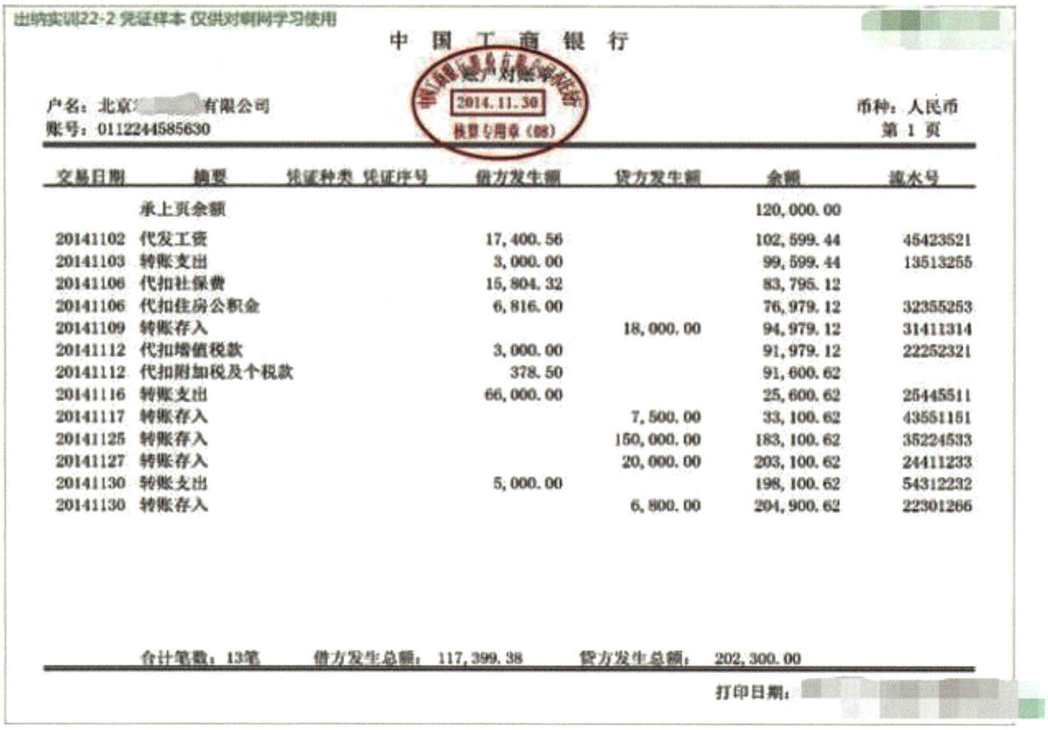
出纳实训22-2 凭证样本 仅供对啊网学习使用

中 国 工 商 银 行

账户对账单

2014.11.30

核算专用章(08)

户名：北京 有限公司

账号：0112244585630

币种：人民币

第 1 页

交易日期	摘要	凭证种类	凭证序号	借方发生额	贷方发生额	余额	流水号
	承上页余额					120,000.00	
20141102	代发工资			17,400.56		102,599.44	45423521
20141103	转账支出			3,000.00		99,599.44	13513255
20141106	代扣社保费			15,804.32		83,795.12	
20141106	代扣住房公积金			6,816.00		76,979.12	32355253
20141109	转账存入				18,000.00	94,979.12	31411314
20141112	代扣增值税款			3,000.00		91,979.12	22252321
20141112	代扣附加税及个税款			378.50		91,600.62	
20141116	转账支出			66,000.00		25,600.62	25445511
20141117	转账存入				7,500.00	33,100.62	43551151
20141125	转账存入				150,000.00	183,100.62	35224533
20141127	转账存入				20,000.00	203,100.62	24411233
20141130	转账支出			5,000.00		198,100.62	54312232
20141130	转账存入				6,800.00	204,900.62	22301266

合计笔数：13笔　借方发生总额：117,399.38　贷方发生总额：202,300.00

打印日期：

图 5-43　银行对账单

第七节　税务管理的数据源

一、税务管理流程的简介

税务管理流程(tax management)是指企业涉及税务的账务处理工作。税务管理是指税收征收管理机关为了贯彻、执行国家税收法律制度，加强税收工作，协调征税关系而开展的一项有目的的活动。它是税收征收管理的重要内容，是税款征收的前提和基础性工作，主要包括税务登记、账簿和凭证管理、纳税申报等方面的管理。税务管理流程主要包括两方面内容：一是税款流程，即税款从物质生产部门创造的社会纯收入开始，至以税金形式纳入国库为止的全过程；二是信息流程，即伴随着税款征收入库全过程的信息产生、传递和处理的过程。税务管理流程主要环节包括纳税申报等。

以某快消行业为例，其财务核算流程体系中税务管理流程如下。

第一，增值税发票管理流程。增值税发票管理是指税务机关对增值税发票的印制、领购、开具、保管、检查、处罚等各个环节进行组织、协调、监督时所开展的各项活动的总称。如果增值税一般纳税人购买服装、鞋帽是为了满足其行业特点及生产工作环境的需要，并确实专门用于员工工作时的劳动保护，可以向销售方索取增值税专用发票并按规定申报抵扣。但如果不属于劳保专用，则销售方不得开具增值税专用发票，如建筑施工、勘察设计、房地产、物业、投资等方面的增值税发票开票流程等。

第二，税金计算缴纳流程。税金计算缴纳流程是指依据当月实际要缴纳税金进行计算，如建筑施工异地项目、房地产预收款等的税金预缴申报流程和增值税发票抵扣流程等。

税务管理主要财务流程如表 5-7 所示。

表 5-7　税务管理主要财务流程

一级流程	二级流程	三级流程
税务管理流程	增值税发票管理流程	增值税发票开票流程——建筑施工
		增值税发票开票流程——勘察设计、制造业
		增值税发票开票流程——房地产
		增值税发票开票流程——物业、投资
		增值税发票作废/红字流程
		空白发票管理流程
		业务部收取增值税发票流程
	税金计算缴纳流程	税金预缴申报流程——建筑施工异地项目
		税金预缴申报流程——房地产预收款
		增值税发票抵扣流程
		企业所得税季度预缴流程
		税金预缴申报流程——建筑施工异地项目
		企业所得税季度申报缴纳流程
		其他税金计算缴纳流程

二、税务管理流程的关键业务表单

税务管理流程需要相应的业务表单及信息字段承载业务信息，如开票申请单、购买发票申请单、发票收票台账、预缴税金台账、税款缴纳申请单等，具体表单总结如表 5-8 所示。

表 5-8 税务管理表单

表单名称	表单说明
开票申请单	用于增值税发票申请单，包含全票面信息和开票要求
发票开票台账	用于发票开票时发票信息与发票追踪、实时状态的汇总与更新，由开票平台自动生成
未开票收入台账	用于未开票收入明细的信息记录汇总
未开票收入明细	用于纳税申报
发票作废申请单	用于发票作废，申请人需列明拟作废发票原因
发票红字申请单	用于开红字发票，申请人需列明红字原因
购买发票申请单	用于购买空白发票
发票分配表	用于发票购买后的发票分配
发票收票台账(业务、报销专票＋业务普票)	用于收票方记录汇总发票收票信息，包括已收取的业务增值税专用发票及普通发票、报销专票
预缴税金台账	用于归集预缴税金并建立预缴税金台账，记录汇总所有信息
预缴税金计算表	用于计算应预缴税金
税款缴纳申请单	用于税金请款和反馈实缴税金的表单，包含三种支付方式(公司/税局/个人账号)
其他地方税费计算表	用于计算地方税费
税款缴纳计算表	用于计算并计提需缴纳的增值税
通用税款计提单	用于税款计提的通用表单
印花税计算表	用于计算印花税
车船税计算表	用于计算车船税
契税计算表	用于计算契税
耕地占用税计算表	用于计算耕地占用税
土地增值税预缴计算表	用于计算土地增值税预缴
房产税计算表	用于计算房产税
城镇土地使用税	用于计算城镇土地使用税
跨地区经营就地预缴企业所得税台账	用于记录汇总企业跨地区经营就地预缴企业所得税信息
所得税	用于计算企业所得税
残疾人保障金计算表	用于计算残疾人保障金

其中较为重要的单据有纳税申报表等。纳税申报表是税务机关指定，由纳税人填写，以完成纳税申报程序的一种税收文书。图 5-44 为纳税申报表示例。

增值税纳税申报表

（小规模纳税人适用）

纳税人识别号：□□□□□□□□□□□□□□□□□□□□

纳税人名称（公章）：　　　　　　　　　　　　　　　　金额单位：元至角分

税款所属期：　年 月 日至　年 月 日　　　　　　　　填表日期：　年 月 日

项　目	栏次	本期数		本年累计	
		货物及劳务	服务、不动产和无形资产	货物及劳务	服务、不动产和无形资产
（一）应征增值税不含税销售额（3%征收率）	1				
税务机关代开的增值税专用发票不含税销售额	2				
税控器具开具的普通发票不含税销售额	3				
（二）应征增值税不含税销售额 5%征收率）	4	——		——	
税务机关代开的增值税专用发票不含税销售额	5	——		——	
税控器具开具的普通发票不含税销售额	6	——		——	
（三）销售使用过的固定资产不含税销售额	7(7≥8)		——		——
其中：税控器具开具的普通发票不含税销售额	8		——		——
（四）免税销售额	9=10+11+12				
其中：小微企业免税销售额	10				
未达起征点销售额	11				
其他免税销售额	12				
（五）出口免税销售额	13(13≥14)				
其中：税控器具开具的普通发票销售额	14				
本期应纳税额	15				
本期应纳税额减征额	16				
本期免税额	17				
其中：小微企业免税额	18				
未达起征点免税额	19				
应纳税额合计	20=15-16				
本期预缴税额	21			——	
本期应补（退）税额	22=20-21			——	

（左侧纵向：一、计税依据　　二、税款计算）

纳税人或代理人声明：	如纳税人填报，出纳税人填写以下各栏：
本纳税申报表是根据国家税收法律法规及相关规定填报的，我确定它是真实的、可靠的、完整的。	办税人员：　　　　　财务负责人： 法定代表人：　　　　联系电话： 如委托代理人填报，出代理人填写以下各栏： 代理人名称（公章）：　经办人： 联系电话：
主管税务机关：	接收人：　　　　　　接收日期：

图 5-44　纳税申报表

三、纳税申报表数据源

纳税申报表是税务管理流程最为重要的数据来源之一，其中包含重要的字段信息有计税依据、计税计算、纳税人识别号、纳税人名称、税款所属期、金额单位、填表日期、主管税务机关、接收人、接收日期、税额、税率等。

第八节　总账的数据源

一、总账流程的简介

总账是指总分类账簿（general ledger），也称总分类账，是根据总分类科目开设账户、用来登记全部经济业务、进行总分类核算、提供总括核算资料的分类账簿。总分类账所提供的核算资料，是编制会计报表的主要依据，任何单位都必须设置总分类账。总账流程主要描述的是企业不涉及应收、应付、费用相关业务的其他账务处理及报表流程。全流程中财务主要环节包括薪酬核算、总账凭证处理、总账期末关账、合并与报告、数据维护等。

以某快消行业为例，其财务核算流程体系中总账流程如下。

第一，薪酬核算。薪酬核算是每个单位财会部门最基本的业务之一，不仅关系到每个职工的切身利益，也是直接影响产品成本核算的重要因素。手工进行工资核算，需要占用财务人员大量的精力和时间，并且容易出错。采用计算机进行薪酬核算可以有效提高工资核算的准确性和及时性，如职工薪酬结转和支付等。

第二，总账凭证处理。总账凭证处理一般包括填制凭证、审核凭证、凭证汇总和记账等内容，其主要任务是通过输入和处理记账凭证，完成记账工作，查询和输出各种账簿，如总账费用预提等。

第三，总账期末关账。总账期末关账指月末必须进行的结账工作，是会计前后期间衔接的重要内容。

总账主要财务流程如表5-9所示。

表5-9　总账主要财务流程

一级流程	二级流程	三级流程
总账流程	薪酬核算	职工薪酬结转和支付
	总账凭证处理	填制凭证
		审核凭证
		凭证汇总
		记账
	总账期末关账	月结时间表编制
		年结关账

二、总账流程的关键业务表单

总账流程需要相应的业务表单及信息字段承载业务信息，其中较为重要的单据是总账报账单。总账报账单主要用于总账下面处理的业务，如退供应商保证金、付客户保证金、薪酬发放、税金缴纳、缴纳社保/公积金等。图 5-45 为总账报账单示例。

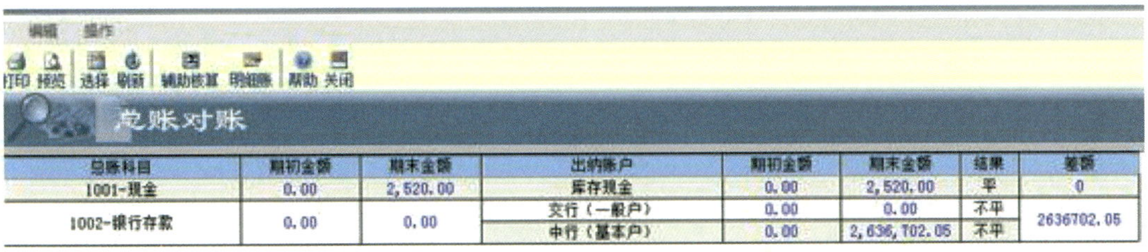

图 5-45　总账报账单

三、总账报账单数据源

总账报账单是总账流程最为重要的数据来源之一，关键的字段信息包括总账科目、付款类型、汇总凭证、摘要、出纳账户、借方金额、贷方金额、期初金额、期末金额、余额等。

第九节　管理报告的数据源

一、管理报告流程的简介

管理报告(management report)是企业的内部报告，运用管理会计和其他有益的方法，面向各种管理场景，利用一系列模型，解决不同层级关注的重要问题，并结合 AI 智能应用，实现管理在线、经营监控、实时决策、目标协同。

以某快消行业为例，其财务核算流程体系中管理报告流程如下。

第一，财务制度与流程管理。主要为加强公司制度与流程建设，包括财务制度管理与更新、财务流程管理与更新等。

第二，财务信息系统管理。主要为加强公司财务信息建设，包括用户权限管理、财务需求分析、财务系统维护与数据备份等。

第三，财务组织与人员管理。主要为加强公司财务组织与人员建设，包括财务组织战略与计划、财务战略执行与评估、财务人员招聘、财务人员晋升、财务人员培训等。

第四，财务档案与证照管理。主要为加强财务档案与证照的管理，包括财务档案装订与保管等。

管理报告主要财务流程如表 5-10 所示。

表 5-10　管理报告主要财务流程

一级流程	二级流程	三级流程
管理报告流程	财务制度与流程管理	财务制度管理与更新
		财务流程管理与更新
	财务信息系统管理	用户权限管理
		财务系统需求分析
		财务系统维护与数据备份

续表

一级流程	二级流程	三级流程
管理报告流程	财务组织与人员管理	财务组织战略与计划
		财务战略执行与评估
		财务人员招聘
		财务人员晋升
		财务人员培训
	财务档案与证照管理	财务证照管理
		财务档案装订与保管

二、管理报告流程的关键业务表单

管理报告流程需要相应的业务表单及信息字段承载业务信息，管理报告的格式通常为监管部门规定或企业根据自身分析需求自拟的格式。

三、管理报告数据源

管理报告的数据源较为多样，可能来自企业的分析平台、核算系统、合并系统等，通常根据企业所需要的数据类型，到相应的系统内获取数据，数据源主要包括财务报表、企业自身管理报表、国资委决算报表等。其中包含重要的字段信息有资产、日期、期末余额、年初余额、科目、备注、结转下年、单位负责人、会计主管、制表人等。图 5-46 为财务报表示例。

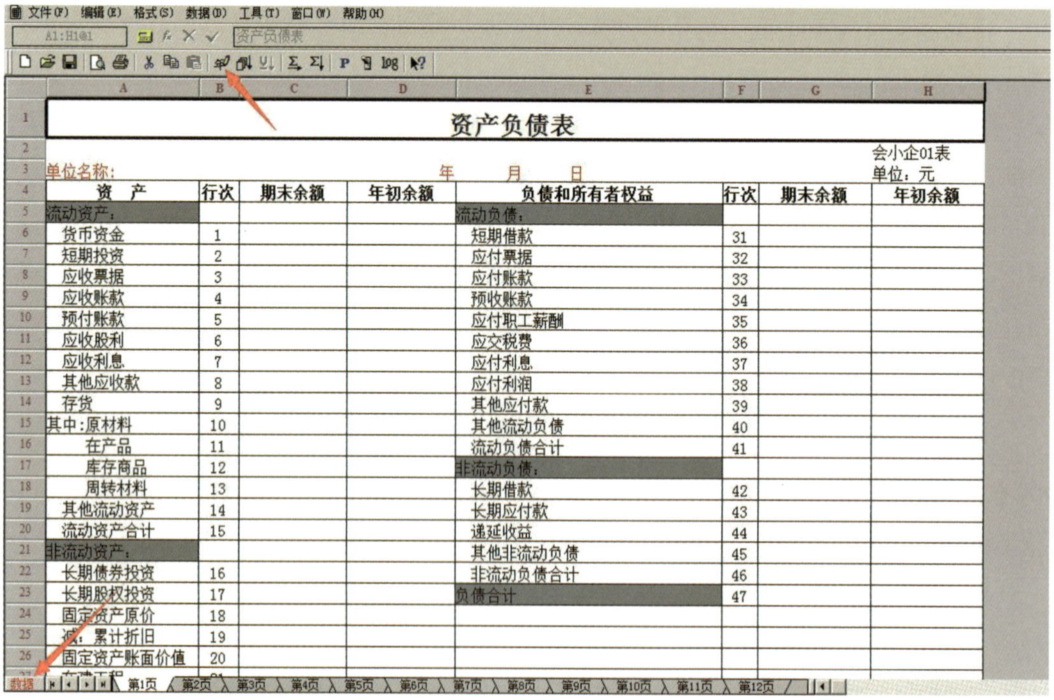

资产负债表

单位名称：　　　　年　月　日　　　　会小企01表　单位：元

资　产	行次	期末余额	年初余额	负债和所有者权益	行次	期末余额	年初余额
流动资产：				流动负债：			
货币资金	1			短期借款	31		
短期投资	2			应付票据	32		
应收票据	3			应付账款	33		
应收账款	4			预收账款	34		
预付账款	5			应付职工薪酬	35		
应收股利	6			应交税费	36		
应收利息	7			应付利息	37		
其他应收款	8			应付利润	38		
存货	9			其他应付款	39		
其中:原材料	10			其他流动负债	40		
在产品	11			流动负债合计	41		
库存商品	12			非流动负债：			
周转材料	13			长期借款	42		
其他流动资产	14			长期应付款	43		
流动资产合计	15			递延收益	44		
非流动资产：				其他非流动负债	45		
长期债券投资	16			非流动负债合计	46		
长期股权投资	17			负债合计	47		
固定资产原价	18						
减：累计折旧	19						
固定资产账面价值	20						

图 5-46　财务报表

2023"一带一路"暨金砖国家技能发展与技术创新大赛财务大数据应用与管理会计决策赛项

　　2023 年 10 月 21 日，金砖国家工商理事会中方理事会、"一带一路"暨金砖国家技能发展国际联盟、中国科协"一带一路"暨金砖国家技能发展与技术创新培训中心主办，中国发明协会、教育部中外人文交流中心联合主办，金砖国家工商理事会(中方)技能发展工作组承办，金蝶精一联合承办的 2023"一带一路"金砖国家技能发展与技术创新大赛财务大数据应用与管理会计决策技能赛项的线上初赛结束，本次赛事立足产业数字化转型，聚焦财务管理与大数据技术的结合，围绕数据作为新型生产要素的价值和优势，引导学生对于大数据技术的学习热情。

第六章 财务大数据的汇聚

【章节导读】

数据是企业核心资产，当前企业数据面临很多的问题，例如，没有统一的数据标准，各业务系统间数据无法充分共享，关键核心数据无法识别，以及跨系统无法拉通等。为有效管理企业数据资产和实现数据价值的最大化，急需建立一个完善的数据治理框架体系，为企业数字化转型打下坚实的数据基础。在当今数字化时代，财务数据的汇聚成为企业和机构实现数据驱动决策的关键步骤之一。

本章将深入探讨财务大数据的汇聚，即在财务领域如何有效地收集、整合和处理大量的数据资源，包括财务数据中的关键索引信息、财务数据标准化和财务数据元素化。首先，介绍数据在企业中的重要性和建立数据治理框架体系的紧迫性，以及数据汇聚的方法和难点。其次，探讨数据的组织形式和时效性及数据标准的重要性和设计原则。最后，详细阐述财务数据元素化的概念、核心能力和应用说明，并以实例说明元素化对业务处理的便利性和灵活性。本章旨在引导企业建立完善的财务数据管理机制，通过标准化、元素化等手段实现财务数据的高效管理和应用，从而支持企业数字化转型和财务管理的持续提升。

【知识框架】

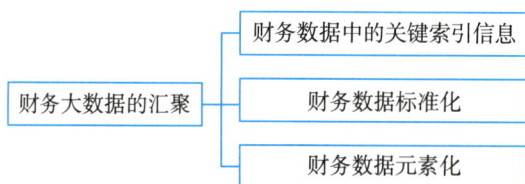

【章节目标】

知识目标：掌握财务数据中的关键索引信息，如合同号、报账单号、凭证号等，以及它们在业务中的作用和应用；了解数据标准化对于财务数据管理和质量的重要性，以及数据标准化的基本原则和步骤；了解财务数据元素化的概念，包括财务信息元素的广义和狭义，以及元素化对于业务数据处理的作用。

能力目标：能够识别并应用财务数据中的关键索引信息，建立数据间索引关系，实现数据的贯通和业务流程的控制；能够参与财务数据标准化的过程，包括数据盘点、数据结构设计和标准规则的制定，确保财务数据的一致性和准确性；能够将实际经营业务涉及的数据信息进行元素化拆解，并利用元素标记和模型进行数据处理，提高对业务数据的敏捷应对处理能力。

素养目标：培养对财务数据质量和准确性的重视，确保数据标准化和元素化过程中数据的完整性和一致性；通过参与财务数据标准化和元素化的过程，培养解决实际问题的能力和创新思维，提高对业务数据的敏感度和应用能力；能够与团队成员和其他部门合作，共同推进财务数据管理和应用，有效沟通并解决财务数据分析中的问题，增强团队协作意识和能力。

第一节　财务数据中的关键索引信息

数据是企业核心资产，企业需要建立起数据字典，有效管理其日益重要的数据和信息资源；同时建立数据持续改进机制，不断提升数据质量。数据的价值和风险应被有效管理，以支撑企业管理简化、业务流程集成、运营效率提升和经营结果的真实呈现。数据准确是科学决策的基础，数据架构和标准的统一是全流程高效运作、语言一致的前提。

当前企业数据面临很多的问题，例如，没有统一的数据标准，各业务系统间数据无法充分共享，关键核心数据无法识别及跨系统无法拉通等。为有效管理企业数据资产，实现数据价值的最大化，急需建立一个完善的数据治理框架体系，为企业数字化转型打下坚实的数据基础。

财务有大量来源的数据，这些数据汇聚后需要进行数据的汇聚并拉通，实现不同源头数据的关联贯通(见图6-1)。

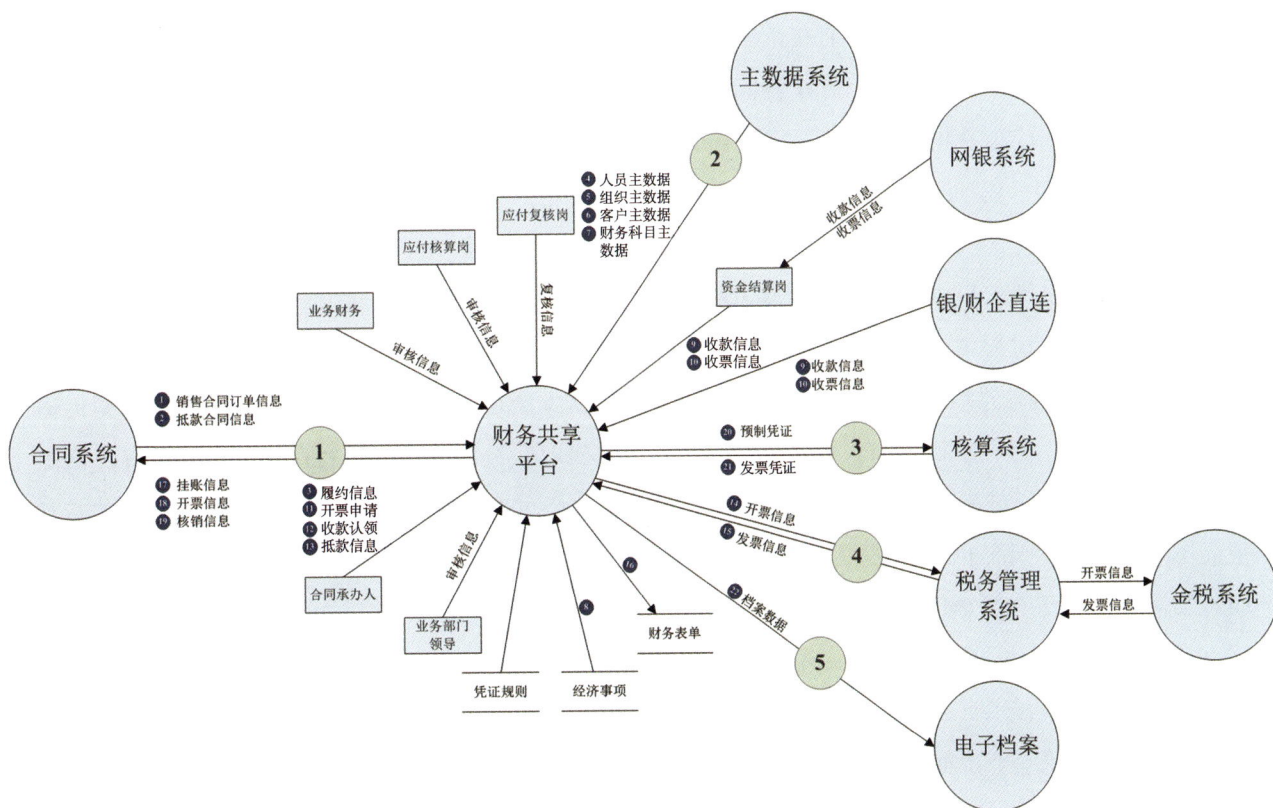

图 6-1　财务数据汇聚

数据汇聚就是按照确定的数据分析框架收集相关数据的过程，它为数据分析提供了素材和依据。数据汇聚是数据中台建设的第一个环节，其主要目的是打破企业数据的物理孤岛，形成统一的数据中心，为后续数据资产价值挖掘提供原始材料。企业的每个业务端都是一个数据触端，会产生大量的数据，这些数据的生产和采集过程需要符合数据安全、隐私保护的相关要求。同时，异构的数据源所采用的汇聚方法也有一定的差异，本章介绍了常见的数据汇聚方法和工具，以及企业在使用这些方法和工具的过程中，如何将它们组合成一个简单易用的工具，以便于快速满足数据汇聚的需求。同时，还阐述了针对不同的数据汇聚场景及企业所需要考虑的存储选型。

从数据组织形式来分，数据主要分成三类。①结构化数据：规则、完成、能通过二维逻辑来表现的数据，严格遵循数据格式与长度规范，常见的有数据库表、Excel 等二维表。②半结构化数据：数据规则、完成，同样严格遵循数据格式与长度规范，但无法通过二维关系来表现，常见如 JSON、XML 等形式表达的复杂结构。③非结构化数据：数据不规则或不完整，不方便用二维逻辑表来表现，需要经过复杂的逻辑处理才能提取其中的信息内容，如办公文档、图片、图像和音视频等。

从时效性和应用场景来分，数据汇聚可以分成离线和实时两类。①离线数据：主要用于大批量数据的周期性迁移，对时效性要求不高，一般参与分布式批量数据同步的方式，通过连接读取数据库，读取过程中可以有全量、增量的方式，通过统一处理后写入目标存储。②实时数据：主要面向低时延的数据应用场景，一般通过增量日志或通知消息的方式实现，如通过读取数据库的操作日志来实现相应的实时处理，业界常见的 Canal/MaxWell/StreamStes/Nifi 等框架和组件都有较多的实际应用。

数据汇聚的难点在于如何标准化数据，如表名标准化、表的标签分类、表的用途、数据的量、是否有数据增量、数据是否可用。需要在业务上下很大的功夫，必要时还要引入智能化处理，如根据内容训练结果自动打标签，自动分配推荐表名、表字段名，还有如何从原始数据中导入数据等。

数据汇聚有一定的数据生产属性，将终端的用户行为信息采用特定的方法记录后，通过中间系统流转到目标存储中，或者通过某种形式在某个数据源中落地，即通过数据汇聚的能力实现数据的采集和存储。

数据建设又分为 ETL 模式和 ELT 模式两类。①ETL(extract-transform-load，抽取-转换-存储)模式是指在数据抽取过程中进行数据的加工转换，然后加载至存储中。一方面，在大规模数据场景下，ETL 模式在数据传输过程中进行复杂的清洗，会因为数据体量过大和清洗逻辑的复杂性导致数据传输的效率大大降低。另一方面，ETL 模式在清洗过程中只提取有价值的信息进行存储，而是否有价值是基于当前对数据的认知来判断的，由于数据价值会随着我们对数据的认知及数据的智能相关技术的发展而不断被挖掘，因而 ETL 模式很容易出现一些有价值的数据被清洗掉，导致某天需要用到这些数据时，又需要重新清洗甚至已经丢失而无法找回的情况。相对于存储成本，这种损失可能会更大。② ELT(extract-load-transform，抽取-存储-转换)模式是指将数据抽取后直接加载到存储中，再通过大数据和人工智能相关技术对数据进行清洗和处理。

数据关联性是企业数据管理的核心。若存在数据关联性问题，会直接影响数据分析的结果，进而影响管理决策。所以，建立财务数据中的关键索引信息尤为重要。

财务数据中的关键索引信息主要是指合同号、报账单号、凭证号、回单号、预算号等这类信息。合同号是指对外贸易合同、订单等的号码。报账单号、凭证号、回单号、预算号等也是指相应单据、票据上的号码。这些号码是为区别不同合同、单据、票据而按照一定规则加上的一个字母和数字组成的编号，一般来说每个企业都是按照本单位的编号规则进行编号的，便于登记和查阅相关信息。

以项目管理为例，建立以项目编号为核心的索引，借助合同号、订单号等关键信息实现数据贯通。确保所有业务的发生均记录到相应的合同实体，实现项目"看得清"和"控得住"。例如，可以从项目编号获取到当前项目进度信息，其对应销售合同当前的收入确认情况、应收账款(开票)及回款情况，对应的采购合同的执行情况、应付账款、付款情况，并能实现相应的付款控制。

围绕关键数据元素，可以建立数据间索引关系(见图6-2)，以实现数据真正贯通。通过提炼业务主题，实现关键数据分析主题的识别，关注经营组织、客户、供应商、合同、产品、项目、员工、资产、发票、账户、单据等关键分析对象，并基于分析对象积累分析场景。

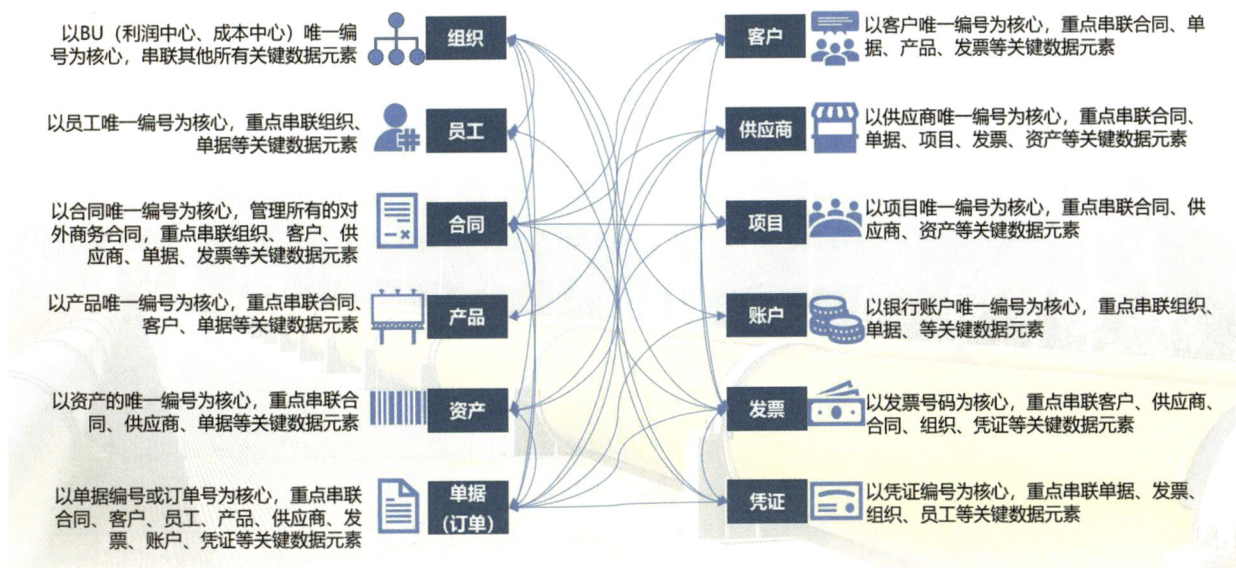

以BU(利润中心、成本中心)唯一编号为核心，串联其他所有关键数据元素 — **组织**

以员工唯一编号为核心，重点串联组织、单据等关键数据元素 — **员工**

以合同唯一编号为核心，管理所有的对外商务合同，重点串联组织、客户、供应商、单据、发票等关键数据元素 — **合同**

以产品唯一编号为核心，重点串联合同、客户、单据等关键数据元素 — **产品**

以资产的唯一编号为核心，重点串联合同、供应商、单据等关键数据元素 — **资产**

以单据编号或订单号为核心，重点串联合同、客户、员工、产品、供应商、发票、账户、凭证等关键数据元素 — **单据(订单)**

客户 — 以客户唯一编号为核心，重点串联合同、单据、产品、发票等关键数据元素

供应商 — 以供应商唯一编号为核心，重点串联合同、单据、项目、发票、资产等关键数据元素

项目 — 以项目唯一编号为核心，重点串联合同、供应商、资产等关键数据元素

账户 — 以银行账户唯一编号为核心，重点串联组织、单据、等关键数据元素

发票 — 以发票号码为核心，重点串联客户、供应商、合同、组织、凭证等关键数据元素

凭证 — 以凭证编号为核心，重点串联单据、发票、组织、员工等关键数据元素

图 6-2 数据间索引关系

第二节 财务数据标准化

数据标准是衡量数据质量的基准，数据标准管理着重建立统一的数据语言。数据标准一般包含对业务对象的业务定义、标准名称、标准分类、数据类型、长度、格式及编码规则等，同时数据标准还应包含数据所有者、管理者、数据源系统、数据使用系统、数据状态等信息。各业务对象对应物理实现的 IT 系统应发布相应的数据标准并进行数据源认证。

利用财务的价值贯穿能力特性，通过确定管理维度、统一数据标准、规范数据传递，贯通业务流程，实现价值流和业务流的紧耦合，确保每项业务活动、每个交易记录都有准确的数据反映，每个数据反映(价值记录)都有鲜活的业务支撑。通过信息标准和记录规则沉淀，提炼数据元素形成清晰的数据关系，增强全业务场景梳理，通过持续抽象提炼，围绕管理对象、数据载体和业务标签构建可视化的数据图谱。

数据标准化(见图6-3)是实现有效数据管理的基础性工作，能够为多种数据应用场景提供"一致的语言"，也是实现业财融合的前提条件。企业需要通过明确标准设计原则、盘点数据资源目录、梳理数据结构层次、提炼数据标准规范，建立数据迭代机制，以获得安全可信、标准统一、高度相关的数据，从而最大化发挥数据资产价值，实现数据应用及洞察并持续推进财务管理的提升。

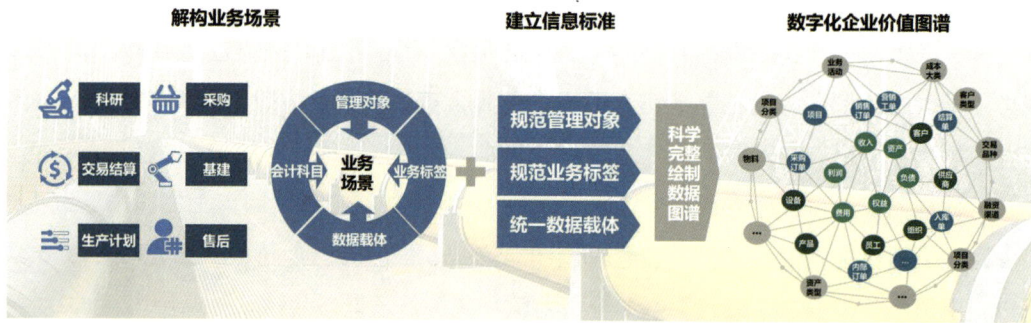

图 6-3 数据标准化

(一)行业财务数据标准化体系设计原则

1. 数据全面性原则

业财数据标准化体系需支持对端到端业务场景进行数据流程梳理，并基于多维度的财务分析需求，实现对多层级的全量业务数据的刻画，形成企业级业财数据资源目录，满足完整数据资源管理及应用的需求。

2. 数据共享性原则

不同系统间高度共享的数据是数据标准化体系建设的关键，需基于数据共享原则，打通信息壁垒，实现全链路业财数据贯通，避免海量数据散落在众多信息系统中形成"数据烟囱"的情况。

3. 数据一致性原则

数据标准化体系需提供对业务术语和数据标准的规范化定义，支持将多源异构的业财数据字段标准化，在规范数据含义、明确数据粒度、统一数据口径后输出标准一致的业财数据结果。

4. 数据同源性原则

基于数据标准化体系"一数一源、一源多用"的建设思路，确保数据源头清晰可追溯，可根据结果数据对源数据的流转及活动进行重现，同时减少数据重复管理造成的资源浪费和数据冗余。

(二)行业财务数据标准化三步法

第一步：数据盘点"全"——梳理端到端交易数据及管理数据，确保数据完整可用

基于企业业务架构，从支撑财务管控的交易侧数据及满足经营分析的管理侧数据入手，对各个系统的业财数据进行盘点。通过梳理数据现状，厘清业务开展过程中业财衔接部分的业务流、单据流及数据流，明确业财数据分布，识别数据孤岛、多源头录入等数据集成问题。

第二步：数据结构"精"——将业务流程数据化，实现对多层级业务数据的刻画

在梳理全量交易侧及管理侧数据的基础上，基于末级业务流程及分析指标框架，对具有业财价值的数据项进行分类归并，构建多层级的数据结构，支撑业财数据同源与完整。

数据结构自上而下可分为五个层级，而数据大类作为最顶层的数据信息分类，需围绕企业价值活动，建立完整的数据采集链路，对交易记录从业务类型、业务对象、业务载体、财务载体及流程数据等方面进行解构和提炼，提高数据灵活组合的能力和调用便捷性，实现各类标准数据及属性的规范传递。

通过数据打通与整合，沉淀标准的、可复用的、具备公共能力的标准数据，将数据的价值体现在连接与应用上。支持按需求对各项标准数据进行多维组合，提高数据响应业务迭代创新的能力及速度，并助推企业经营分析从传统的统计分析向预测分析转变，从非实时向实时分析转变，从标准化数据向多元化数据转变。

第三步：标准规则"细"——建立数据交互规范，形成业财数据标准化规则

在完成对具有数据共享需求及业财价值的标准数据的识别后，梳理现有业财数据与标准数据的口径差异，制订异构的前端业务系统数据与财务管理平台的映射标准，统一业财数据含义、口径、数据逻辑、数据维度及颗粒度，逐步完成多层级场景和精细化数据要素的完善(见图6-4)。

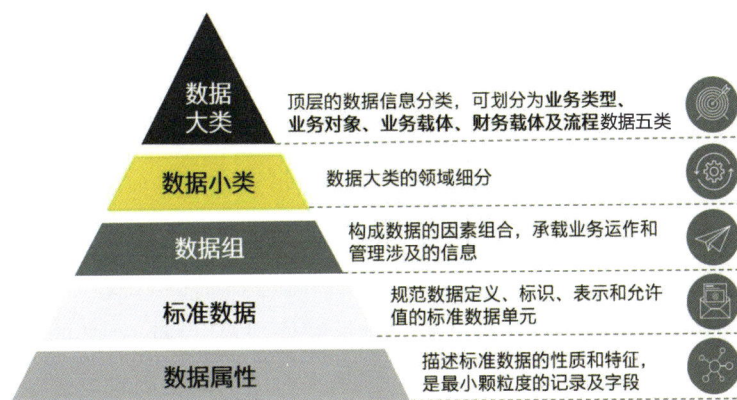

图6-4 多层级的数据结构

在数字化浪潮的推动下，业务数据和财务数据面临着爆发式的增长。然而，数据标准化不能一蹴而就，明确财务转型方向，夯实数据基础，提升财务管控和服务支持的效率和能力则是当前企业在数字化时代进一步发展的重要任务。

第三节 财务数据元素化

当前企业业务数据在财务报账处理过程中，多以大量固化的表单及繁多的表单字段来承载各类业务场景。在这种传统的方式下，为了保障覆盖所有的业务场景，用户要面临大量的业务表单和庞杂的表单字段，即使70%的业务都是经常发生且场景相对简单，依然需要逐个填写业务表单。而且一旦遇到新业务、新事项发生，增加表单、表单字段、字段下拉项等工作的实施往往需要至少2个工作日。

数据元素化的思路的提出，通过将实际数据拆分为"元素"及元素属性值，实现用元素表达具体业务。通过这种元素化的拆解可以极大地提高对业务数据的敏捷应对处理能力。

(一)财务数据元素

财务信息元素有广义和狭义之分。广义的财务信息元素是企业利用有关概念、术语、数字和短语等，对企业已经发生的交易和事项、执行的会计政策与制度、企业的财务环境等单独和综合性状况进行描述，是财务信息的最小语义构成单位。所以，广义的财务信息元素是XBRL-FRT的基本单元，包含了前文中的结构信息元素。狭义的财务信息元素是将结构信息元素从广义的财务信息元素剔除后的财务信息元素，包含了非表格类信息中直接定义的财务信息元素及由结构信息元素构造的影子财务信息元素。以通用分类标准的管理费用明细信息为例，其中的职工薪酬、咨询费和排污费等信息元素就

是非表格类的财务信息元素，属于狭义范畴；同样，上文中的土地使用权原价年初账面余额是影子财务信息元素，也属于狭义范畴。

（二）核心能力

通过将实际经营业务涉及的数据信息拆解为多个元素，并使用标签的方式来进行元素标记，之后再根据元素的组合情况进行数据处理，业务处理过程中可以根据模型判断并调取相应的财务中台微服务。

（三）应用说明

通过定义元素，将前端业务数据进行元素的标记，实现对业务活动的标签化的描述，也就是"业务数据化"的过程。将数据进行元素化拆分后，通过模型，自动检测和获取不同的元素组合需要完成的业务处理，并调取对应的微服务进行业务处理。例如，基于预设的控制条件，对付款申请进行审核，审核通过后中台将进行付款处理并将付款结果反馈给前台业务用户。

示例：以企业支付原材料款项业务为例，前台业务人员通过前端业务平台提交付款申请至中台，中台收到付款申请后，对该事项进行拆解并对应至相关元素，此示例处理结果为合同、组织、付款方式、业务类型，其中组织、合同、付款方式三个元素组合后即触发合同控制的服务调用。

未来若付款方式新增现金收款，原收款方式仍被拆解处理为"付款方式"的元素，不需要通过更改表单字段进行调整。事实上，元素化的应用有可能在未来将完全取代固定的表单，而只需要根据用户特定的"显示要求"动态地形成业务的呈现方式，这有可能仍然是一张单据，也有可能是一段业务描述（见图 6-5）。

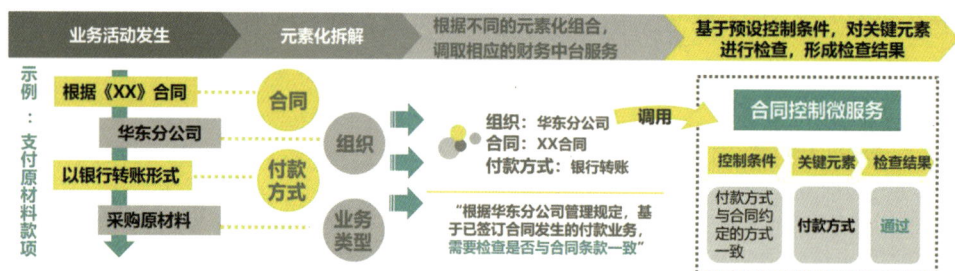

图 6-5　数据元素化

第七章　财务大数据的服务

【章节导读】

当数据完成加工后，数据质量得到保证，数据可用性大幅提升，此时的数据可以作为资产被所有数据消费方使用和消费。但是在企业实际经营生产中，就会发现一个问题，数据消费方太多，而且每个消费方的"消费方式"都不太一样，这就导致数据即使加工出来，也没有办法很贴合地契合数据用户的需求。

在实际工作中可以看到，如果数据资产仅仅放在那里，在使用数据时的效率和感受会大打折扣。本章主要讲述数据服务化的流程、数据可视化应用及数据服务管理，充分发挥数据的作用，提升企业的业务能力、技术能力等，将企业数据在内部进行传递；同时对企业内全域数据的整合应用，可以有效降低企业使用数据的成本，提高内部员工的工作效率，实现降本增效。

【知识框架】

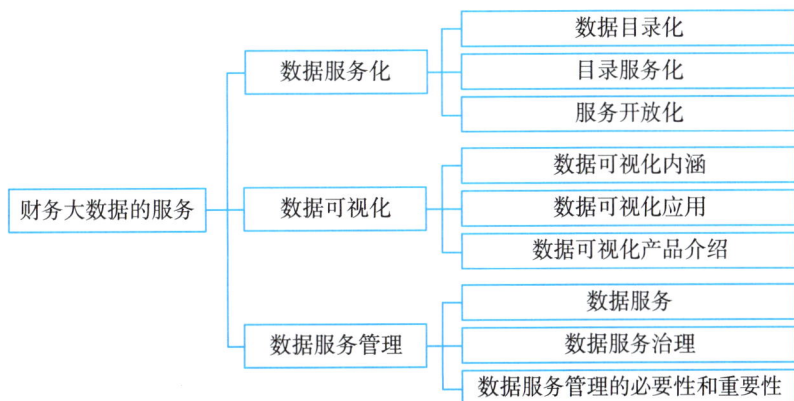

【章节目标】

知识目标：理解数据服务化的定义、流程和关键组成部分，包括数据目录化、目录服务化和服务开放化等方面的知识；了解数据服务化所需的技术和工具等；掌握数据可视化内涵、可视化应用；了解数据服务的含义、数据服务治理、数据服务管理的必要性和重要性等。

能力目标：具备实施数据目录化的能力，包括元数据自动采集和数据分类管理；能够将数据转化为 API 服务，支持结构化和非结构化数据的共享发布，并能够灵活应对不同形式的数据服务需求；具备统一运营企业数据的能力，包括建立数据共享通道、定义数据交换标准、统一调度管理和建立数据运行监控与安全保障体系等方面的能力；具体财务数据可视化能力。

素养目标：培养对数据资产价值的认识，强调数据在企业发展中的重要性；强调团队间的合作与沟通，以实现数据服务化的全面推进；鼓励在数据服务化过程中解决问题的能力、创新思维、数据治理及数据安全意识，以不断提升数据服务化的效率和效果。

第一节　数据服务化

在传统信息系统架构模式下，因为各种原因，企业在很长时间里建设了一个个"孤岛"式系统应用；然后为了解决这些孤岛问题，企业又花费大量的时间和成本去修改，或者新开发，或者做集成；企业投入过多的精力专注于 ETL、ESB、Hadoop 等各种技术，这样一来企业最大的损失是时间机会成本，但最有用的数据却没有发挥核心资产的作用(见图 7-1)。

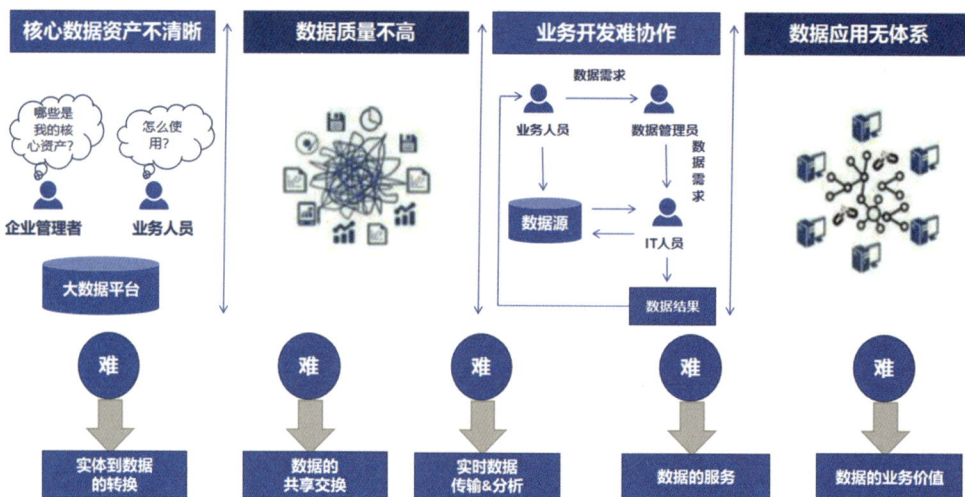

图 7-1　企业数据现状及应对方式

在大数据时代，需要新一代的数据应用平台即数据中台，来帮助企业更好地利用数据。而通过这个数据中台，企业可以快速知道自己有哪些数据资产、能对外提供哪些数据资产、如何对外提供数据资产、如何消费及保证数据资产的监控与安全等关键问题(见图 7-2)。

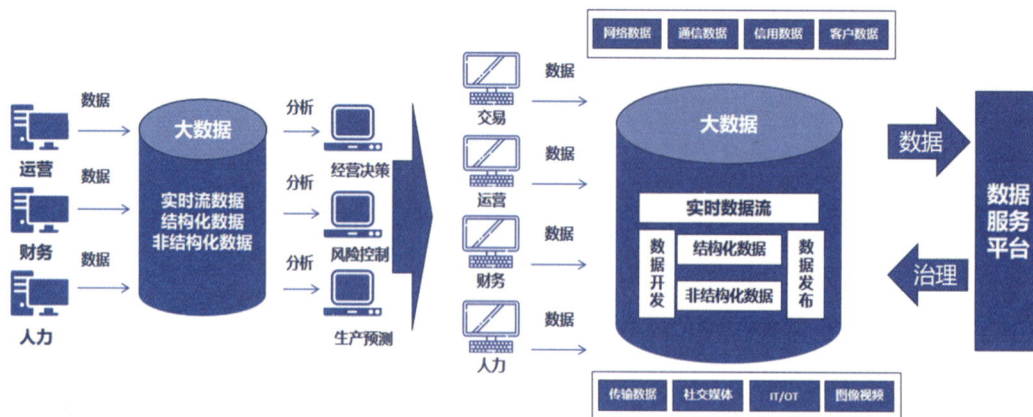

图 7-2　面向服务共享的大数据平台

基于上述所提出的大数据平台，为了提升数据的业务价值需要做好三个方面的工作。①数据目录化：核心是数据的资产化，通过将源数据及前置区、共享区的数据和 Metadata api 抽取，形成数据目录，挖掘有价值的数据形成资产。②目录服务化：形成 Data api，将前置区、共享区的数据，通过数据服务装配/开发，形成具体的服务，可以是实时数据服务、批量数据服务。③服务开放化：形成 Service API，通过数据服务申请、审批，数据服务运维监控，将数据服务的能力开放给业务部门和合作同伴等。

一、数据目录化

图 7-3 展示了整个数据服务化生态核心流程是如何流转的。

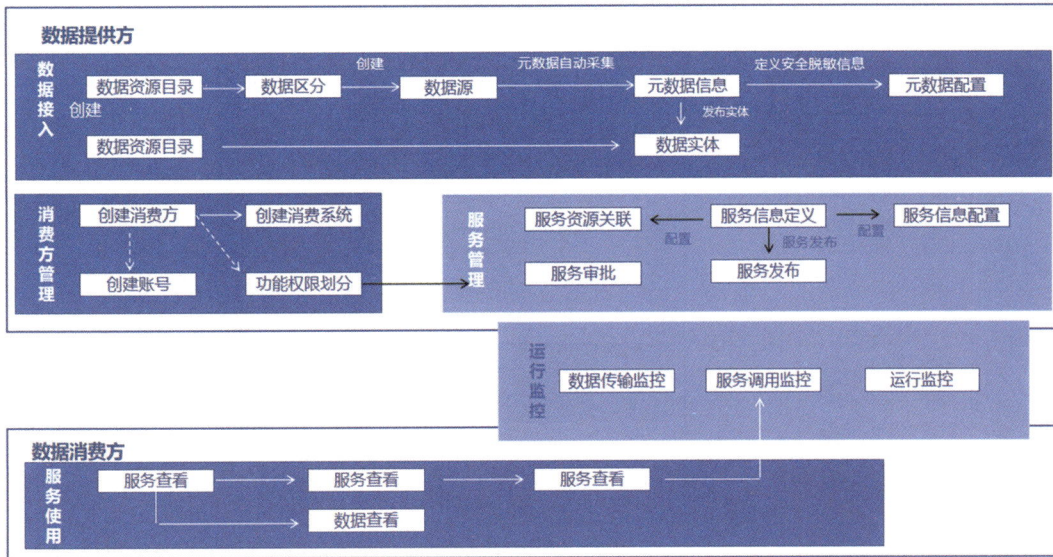

图 7-3　数据服务化生态核心流程

整个流程参与者主要分为数据服务提供者和数据服务消费者两类。其中数据服务提供者可以完成数据接入、服务管理、消费方管理、运行监控能力数据；数据服务消费者主要通过服务申请来完成对服务的消费使用并提供权限范围内的数据浏览与查看。

数据目录化(见图 7-4)主要由两部分组成。①元数据自动采集：基于元数据驱动支持在数据源、前置区、共享区、消费方四个区域配置数据库资源，实现数据库资源自动采集、预览，为后续数据服务化与数据共享打下基础。②数据分类管理：将数据资产按照分类、主题、应用等多个层次对数据进行分类管理、识别、定位和共享。通过元数据驱动来实现数据目录化，最终实现了让数据使用者知道可以提供什么数据。

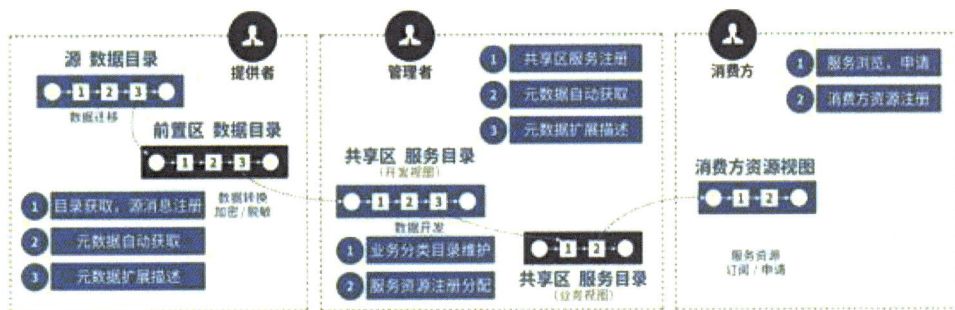

图 7-4　数据目录化

二、目录服务化

目录服务化(见图 7-5)最核心的是支持将数据一键/便携化发布为 API 服务,降低服务的开发成本;支持结构化数据、非结构化数据、文件数据的共享发布;支持单表、结果集等形式的实时接口服务发布;支持批量数据发布;支持发布订阅等多种模式。

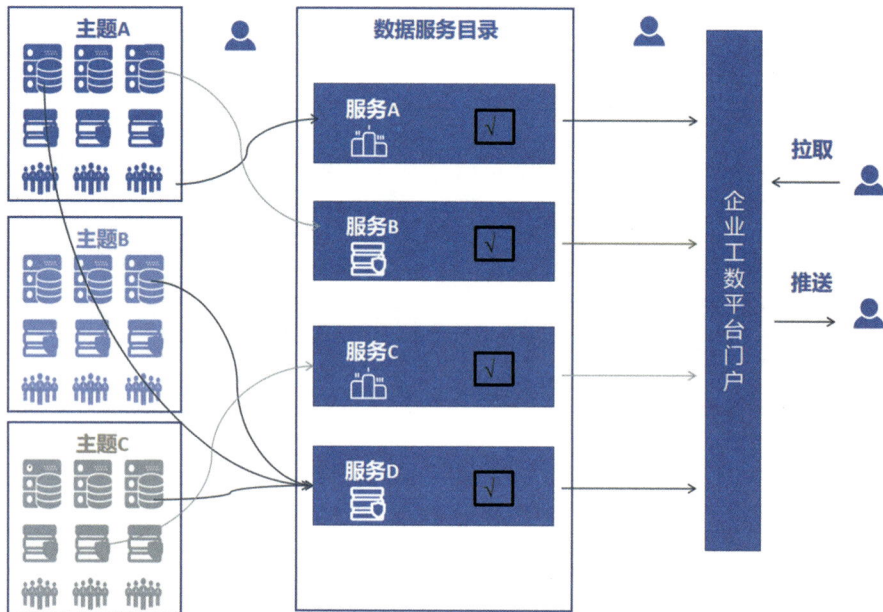

图 7-5 目录服务化

关于服务化的形式,部分人认为只有封装成 API 才算是,而实际上因为数据跟功能不同,其分析的灵活性和数据维度的无限性决定了无法封装出所有的数据服务。因此这里的服务应该是广义的服务,只要提供的数据能够被共享使用,在前端被业务人员或其他应用快速方便地使用或调用,这就是数据的服务化。

三、服务开放化

服务开放化完成统一运营企业数据的顶层设计,包括:①统一的数据共享通道,即建立公司统一的纵向数据共享通道,提供跨系统、跨单位、跨区域的数据集成、交换、分发、共享机制;②统一的数据交换标准,即定义统一的交换标准和规范,并在实施过程中积累更多符合自身发展的、可复制的最佳实践;③统一调度管理,提供灵活的、多角度的模型作业调度机制,减轻运维管理工作量,实现运维自动化;④统一的数据运行监控和安全保障体系,可以提供数据服务发布、访问授权和运行监控的统一管理,从技术和管理两方面提供事前预防、事中控制和事后追溯能力(见图 7-6)。

图 7-6 服务开放化

经过上述四个阶段，整体数据服务体系最终可以帮助企业实现数据资产的全景视角，并实现全数据链路的跟踪；可以从数据来源、资源分布、资源使用等维度来查看或对发布共享的数据资产进行适当的排名，进而激励更多的数据产生价值(见图 7-7)。

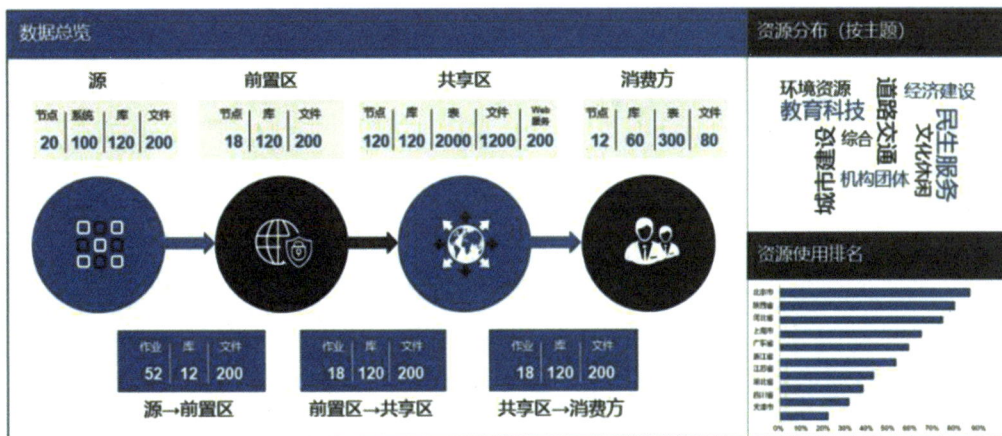

图 7-7　数据服务应用全数据链路、全貌图

第二节　数据可视化

随着越来越多的数据被记录、收集和存储，如何深刻洞察数据分布规律、高效挖掘数据价值，成为智能化时代需要解决的关键问题。据美国国际数据公司(IDC)的报告，2021 年全球数据量为 44ZB 左右，2025 年全球数据量将达到 175ZB。而这些数据只有 2％得到了留存，并且留存的仅 50％被使用过。由此可见，线性提升的数据处理能力并无法匹配指数级增长的数据规模，使得两者之间的"剪刀差"越来越大。与此同时，在庞大的数据空间中，对特定任务真正有价值的核心数据却往往是极度稀疏或不完整的。数据泛滥与高价值数据缺失给数据分析带来了一定的技术挑战。但是随着新技术如数据可视化、机器学习、虚拟现实、区块链、边缘计算等相关技术的迅速发展，可以有效地解决一部分的技术问题。本章将着重介绍数据可视化相关的概念和技术。

一、数据可视化内涵

(一)数据可视化的定义

数据可视化是图形表示的数据，涉及产生将表示的数据之间的关系传达给图像查看者的图像。这种通信是通过在可视化过程中使用图形标记和数据值之间的系统映射来实现的。该映射建立了如何在视觉上表示数据值，确定图形标记的属性(如大小或颜色)如何及在多大程度上改变以反映基准值的变化。

为了清晰有效地传达信息，数据可视化使用统计图形、图表、信息图形和其他工具。可以使用点、线或条对数据进行编码，以在视觉上传达定量消息。有效的可视化有助于用户分析和推理数据与证据。它使复杂的数据更易于访问、理解和使用。用户可能有特定的分析任务，如进行比较或了解因果关系，并遵循图形的设计原理(即显示比较或显示因果关系)。通常在用户查找特定度量的地方使用表，而使用各种类型的图表来显示数据中一个或多个变量的模式或关系。

数据可视化既是一门艺术，也是一门科学。有人认为它是描述性统计的一个分支，但也有人认为它是扎根理论的发展工具。由 Internet 活动创建的越来越多的数据量及环境中越来越多的传感器被称为"大数据"或物联网，处理、分析和传达此数据给数据可视化带来了挑战(见图 7-8)。

图 7-8　数据可视化大屏

(二)数据可视化的价值

数据可视化是将数据用图形化的方式来表示，可以帮助人们迅速明白某些数据的重要性和理解数据背后的含义。数据可视化通常是理解和交流分析的第一步，因为当数据以图形方式而非数字方式呈现时，人们更善于理解数据。通过交互式数据可视化，向下钻取以探索细节，识别模式和异常值，更容易让人看清新兴趋势，这是获得洞察力的第一步。数据可视化也是传达发现的有效方式，利用人类视觉的快速感知直觉，支持更轻松的协作和更快的创新。通过直观、清晰、动态、可交互的数据可视化界面，让数据用户更好、更快地理解数据背后的含义。

1. 更快地带来见解

数据可视化可以轻松发现趋势并更快地识别异常值。这些信息有助于了解业务的表现及正在发展的机遇和风险，使每个人都能够快速、轻松地将数据转换为洞察力。

2. 作出更明智、更快速的决策

通过理解信息并与他人合作以更快地激发洞察力和发现数据模式，组织可以快速作出基于数据驱动的决策，而不再依靠直觉作出无把握的决策。

3. 通过高级分析为每个人提供支持

企业可以从易于使用的交互式仪表板中受益，该仪表板具有内置的地理空间，通过联动和钻取分析，可以开发更深入的见解，发现隐藏的模式，并对高价值的商业机会采取行动。

4. 提高数据治理能力

通过数据可视化，可以快速发现异常数据或不规范数据，从而倒逼数据源头进行数据整改和提升，间接提升数据治理能力。

5. 强化数据分析能力

借助可视化图表或仪表盘，数据用户可以更加清晰、快速、综合地查看数据内容，并有效分析数据趋势和数据分布，为数据应用提供强有力且生动的信息支撑。

二、数据可视化应用

数据可视化按照应用样式分类，可以分为图表样式和报告样式，在实际业务分析和使用场景中，这两类样式均较为常见且各有优势。下面将具体阐述如何设计高效可用的可视化界面并列举企业日常使用的可视化案例。

(一)可视化体系设计思路

建立多维的数据可视化体系需要建立多维视角的规范化维度体系，如综合考虑产品、客户、战略等关键要素，拟定产品驱动型分析框架，建立"公共共享维度＋非共享维度"相结合的多维体系，按应用对象不同建立完善的可视化体系，面向业务场景，形成可视化管理报告提升业务洞察力。在可视化设计中有以下三点需要注意。

1. 明确使用场景

和一般产品设计过程一样，我们首先需要明确数据大屏的使用场景，如内部人员使用、外部公开展示、技术及运维人员监控、领导层宏观了解等。不同的使用场景对大屏的投放场所、数据指标、硬件及设备、UI 的精细度要求都有很大的区别。

2. 页面布局

明确主次信息的摆放位置和页面空间，常见的两种布局方式如下。

第一种，主要信息居中，次要信息环绕(见图 7-9)。

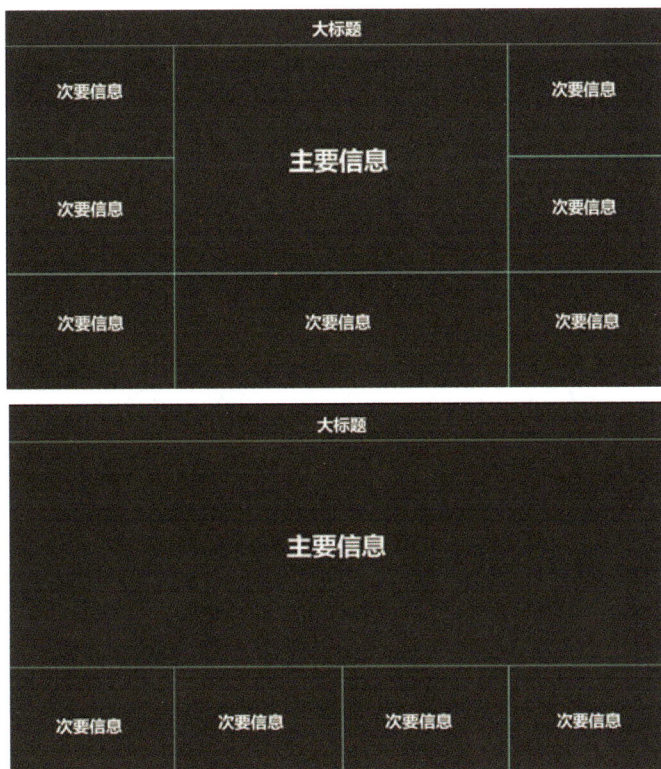

图 7-9　数据可视化大屏布局一

第二种，主要信息靠左，次要信息环绕(见图 7-10)。

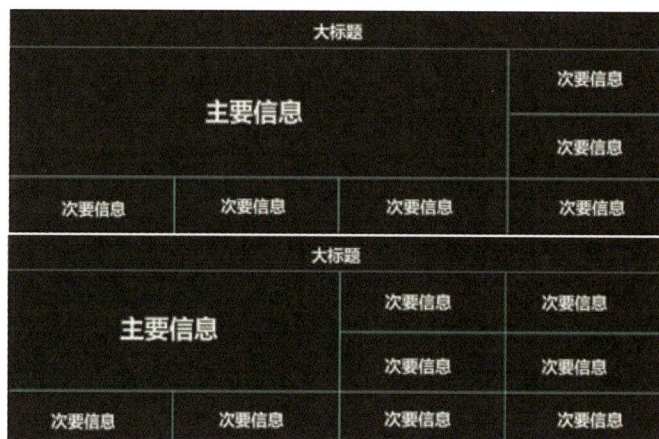

图 7-10　数据可视化大屏布局二

3. 选择有分析意义的指标

在可视化设计时尽量选择有分析意义的指标，一般指用户想要看到的、领导关心的及可以体现问题、风险的。

(二)图表样式可视化设计

1. 饼图/环图

适用场景：显示各项的大小与各项总和的比例。饼图/环图(见图 7-11)适用简单的占比图，在不要求精细数据的情况下适用。

优势：明确显示数据的比例情况，尤其合适渠道来源等场景。

劣势：目测对面积大小不敏感。

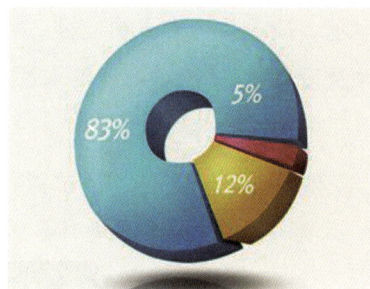

图 7-11　饼图/环图

2. 雷达图

适用场景：雷达图(见图 7-12)适用于多维数据(四维以上)，并且每个维度必须可以排序。

优势：主要用来了解公司各项数据指标的变动情形及其好坏趋向。

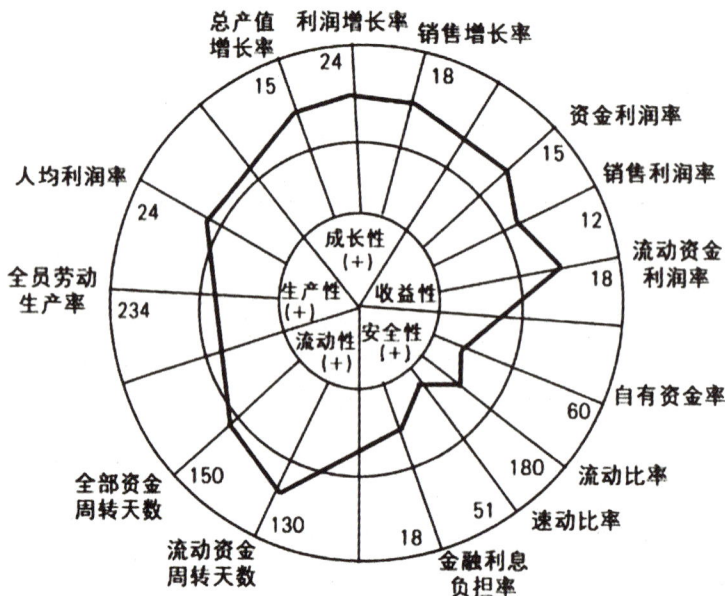

图 7-12　雷达图

3. 漏斗图

适用场景：漏斗图(见图 7-13)适用于业务流程多的流程分析，显示各流程的转化率。

优势：通常用于分析转化率，以电商分析为例，它不仅能展示用户从进入网站到实现购买的最终转化率，还可以展示每个步骤的转化率，能够直观地发现和说明问题所在。

劣势：单一漏斗图无法评价网站某个关键流程中各步骤转化率的好坏。

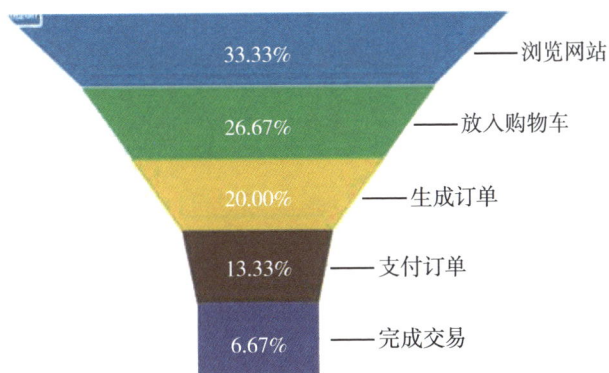

图 7-13　漏斗图

4. 词云(标签云)

适用场景：词云(见图 7-14)显示词频，可以用来做一些用户画像、用户标签的工作。

图 7-14　词云

5. 散点图

适用场景：散点图(见图 7-15)显示若干数据系列中各数值之间的关系，类似 XY 轴，判断两变量之间是否存在某种关联。散点图适用于三维数据集，但其中只有两维需要比较。

优势：对于处理值的分布和数据点的分簇，散点图都很理想。如果数据集中包含非常多的点，那么散点图便是最佳图表类型。

劣势：在点状图中显示多个序列看上去非常混乱。

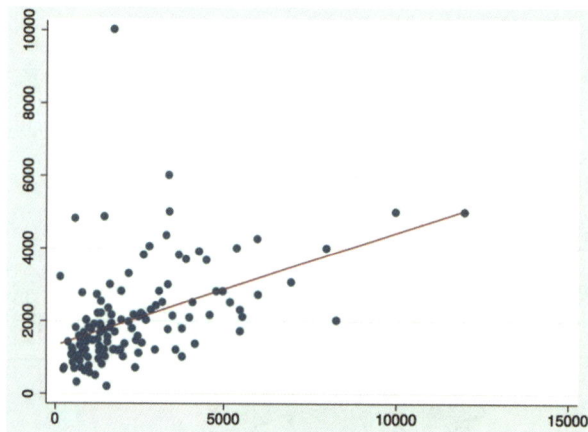

图 7-15 散点图

6. 指标卡

适用场景：指标卡(图 7-16)显示某个数据结果和同环比上升或下降情况。很直观告诉看图者数据的最终结果，一般是昨天、上周等，还可以看不同时间维度的同环比情况。

指标卡

昨日咨询用户数

3,898

前日环比 ∧40.37%

图 7-16 指标卡

7. 瀑布图

适用场景：采用绝对值与相对值结合的方式，瀑布图(图 7-17)适用于表达数个特定数值之间的数量变化关系，最终展示一个累计值。

优势：展示两个数据点之间的演变过程，还可以展示数据是如何累计的。

劣势：没有柱状图、条形图的使用场景多。

生活开销主要为住和吃
深圳月最低生活费组成

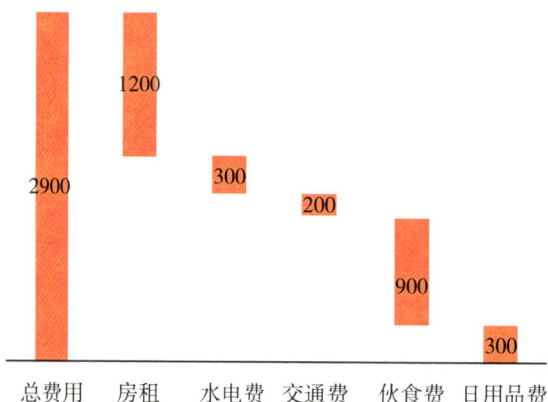

图 7-17 瀑布图

(三)报告样式可视化设计

报告样式使使用者更易于理解。设计报告分析模板使用的以下四个原则均是基于使用者易于理解的出发点。

1. 聚焦企业综合能力分析并包含所有相关信息

为了使分析模板能够更好地体现企业的综合状况，内容应聚焦企业综合能力的展示和业务分析。使用这种方法分析的益处也在于分析任何战略方向时从全局思考，不遗漏任何有关于企业发展的信息。

2. 体现业务逻辑性和故事线

按照业务逻辑排列模板故事线，使分析维度具有业务逻辑性。梳理分析模板故事线，使分析维度具有易于理解的故事性，如从整体到局部、总述到细分、由板块到区域再到公司、由时间到事件、由宏观到微观等。

3. 体现分析问题和发现问题的商业洞察

在汇报每个方面的业务时，应既包括对指标定量的分析，也包括对细节、趋势和规律的定性分析与总结。特别应不局限于对指标现状的阐述，挖掘出导致指标变化的原因，洞察并促进下一步工作计划的开展。

4. 根据业务需求定期更新设计

以满足使用者业务诉求为出发点，分析模板中指标应选择在业务中成熟使用的、反映企业业务事实的指标来呈现(见图 7-18)。

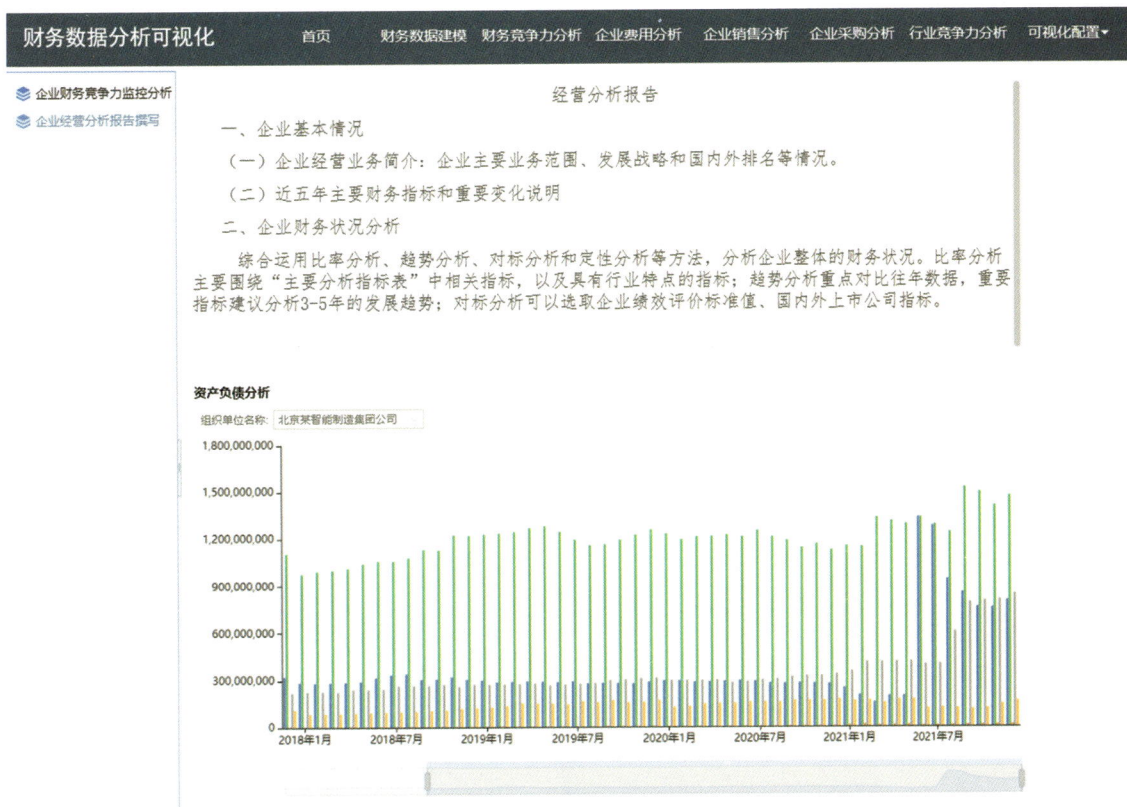

图 7-18 设计报告分析模板

三、数据可视化产品介绍

(一)数据可视化库类

1. Echarts

Echarts 是一个纯 Javascript 的数据可视化库，是百度的产品，常应用于软件产品开发或系统的图表模块。它的特点是图表种类多，动态可视化效果，开源免费。Echarts 提供了常规的折线图、柱状图、散点图、饼图、K 线图，用于统计的盒形图，用于地理数据可视化的地图、热力图、线图，用于关系数据可视化的关系图、treemap、旭日图，多维数据可视化的平行坐标，还有用于 BI 的漏斗图、仪表盘，并且支持图与图之间的混搭(见图 7-19)。

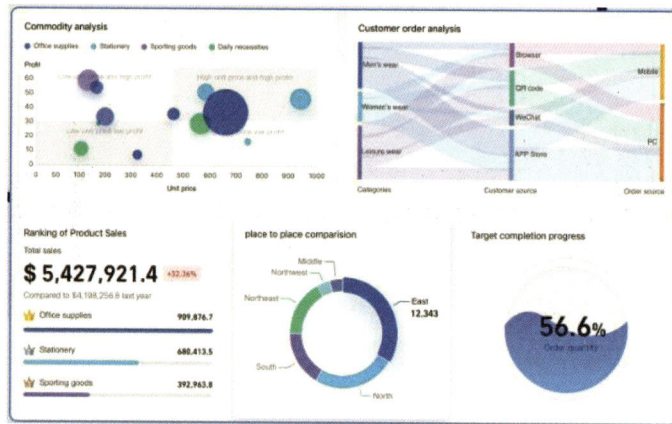

图 7-19　Echarts

2. Highcharts

与 Echarts 相似，Highcharts 同样是可视化库，不过是国外的产品，商用需要付费，文档详尽(见图 7-20)。

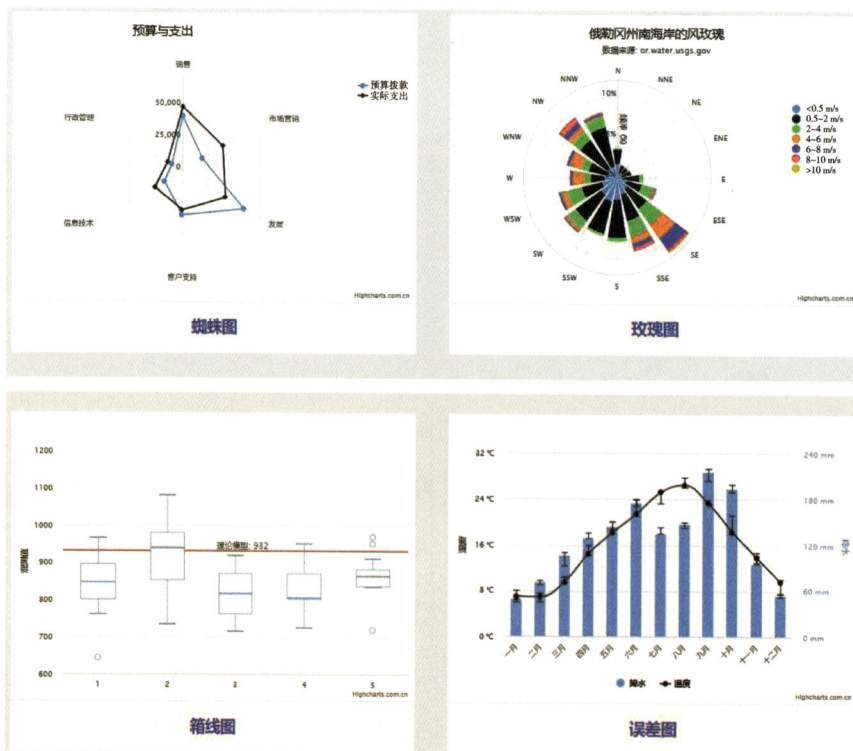

图 7-20　Highcharts

3. AntV

AntV 是蚂蚁金服出品的一套数据可视化语法，是国内第一个采用图形语法(the grammar of graphics)理论的可视化库(见图 7-21)。在提供可视化库同时也提供简单的数据归类分析能力。

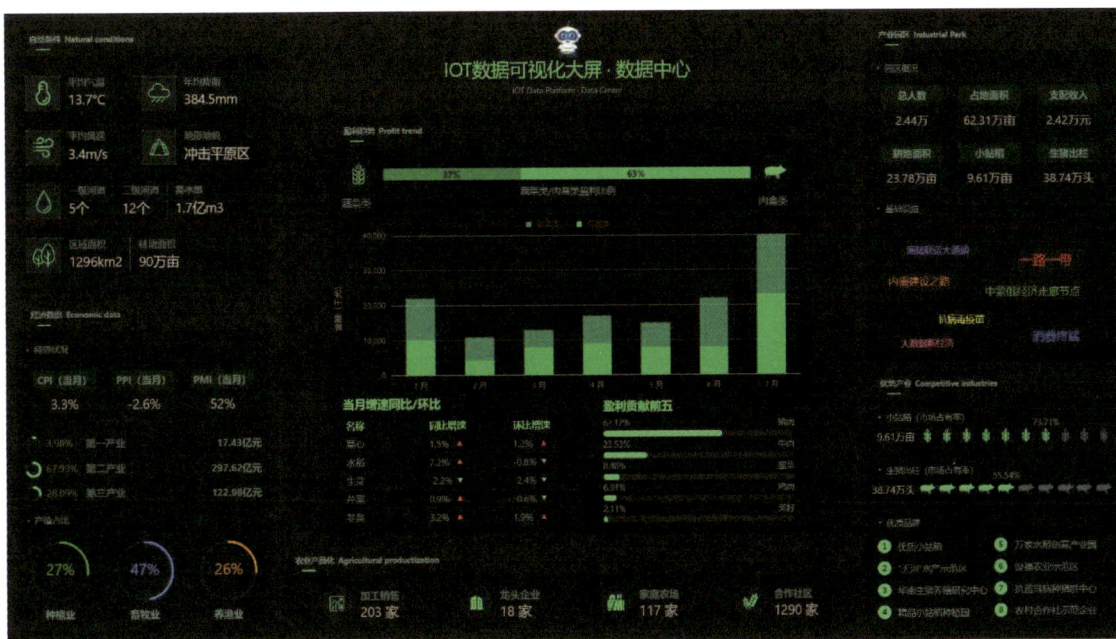

图 7-21　AntV

(二)报表、BI 类

1. 百度图说

百度图说是由 Echarts 衍生出来的子产品，同样继承了 Echarts 的特点，图表种类多，没有提供文本和表格方面的展现库(见图 7-22)。Echarts 接受 json 格式的数据，百度图说把数据格式进行了封装，可以通过表格的形式组织数据。

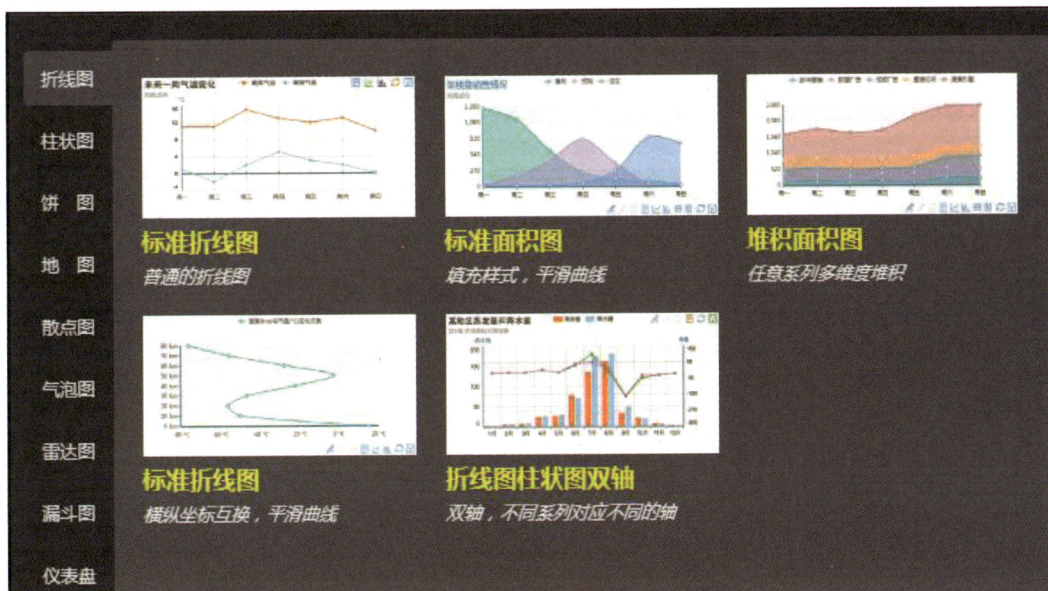

图 7-22　百度图说

2. FineReport

FineReport 报表软件是一款纯 Java 编写的、集数据展示(报表)和数据录入(表单)功能于一身的企业级 Web 报表工具,它具有专业、简捷、灵活的特点和无码理念,仅需简单的拖拽操作便可以设计复杂的中国式报表,搭建数据决策分析系统(见图 7-23)。

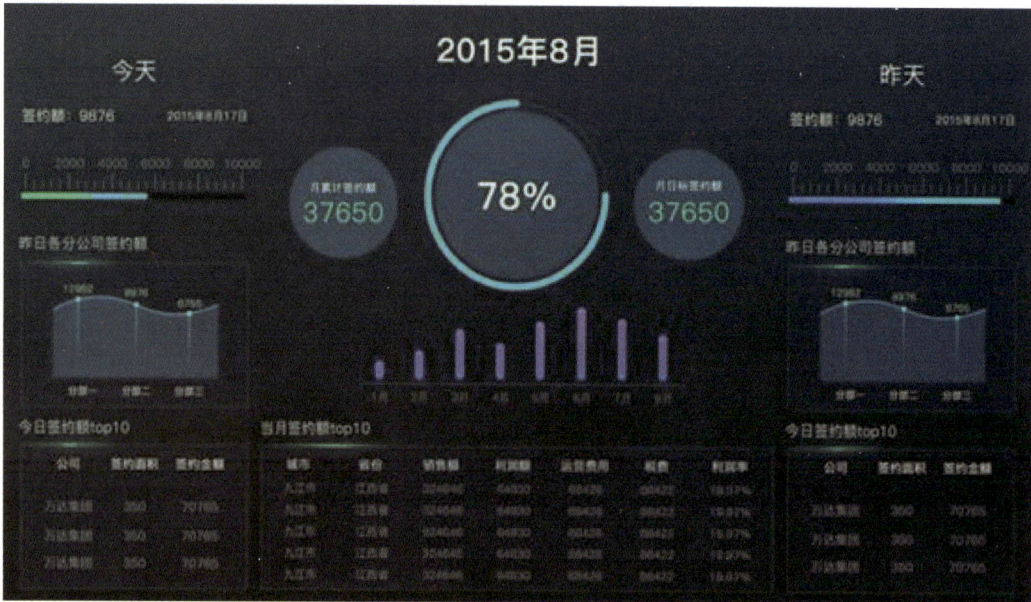

图 7-23　FineReport

3. Tableau

Tableau 是桌面系统中最简单的商业智能工具软件,Tableau 没有强迫用户编写自定义代码,新的控制台也可完全自定义配置(见图 7-24)。在控制台上,不仅能够监测信息,而且还提供完整的分析能力。Tableau 控制台灵活,具有高度的动态性。

图 7-24　Tableau

4. FineBI

FineBI 与 FineReport 都是帆软的产品。FineReport 作为一款报表工具，主要用于解决提升 IT 部门的常规/复杂报表开发效率问题；FineBI 是商业智能 BI 工具，在 IT 信息部门分类准备好数据业务包的前提下给予数据，让业务人员或领导自行分析，满足即席数据分析需求，是分析型产品(见图 7-25)。

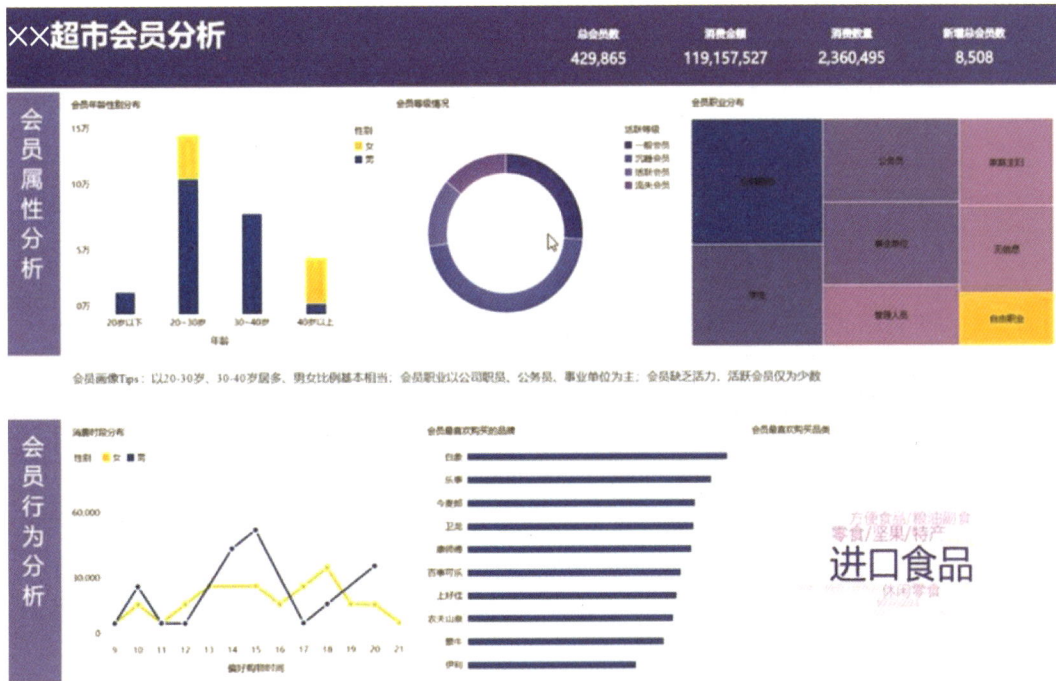

图 7-25　FineBI

5. Power BI

Power BI 是一套商业分析工具，用于在组织中提供见解，可连接数百个数据源、简化数据准备并提供即席分析(见图 7-26)。它可以生成美观的报表并进行发布，供组织在 Web 和移动设备上使用。可创建个性化仪表板，获取针对其业务的全方位独特见解。在企业内实现扩展，内置管理和安全性。

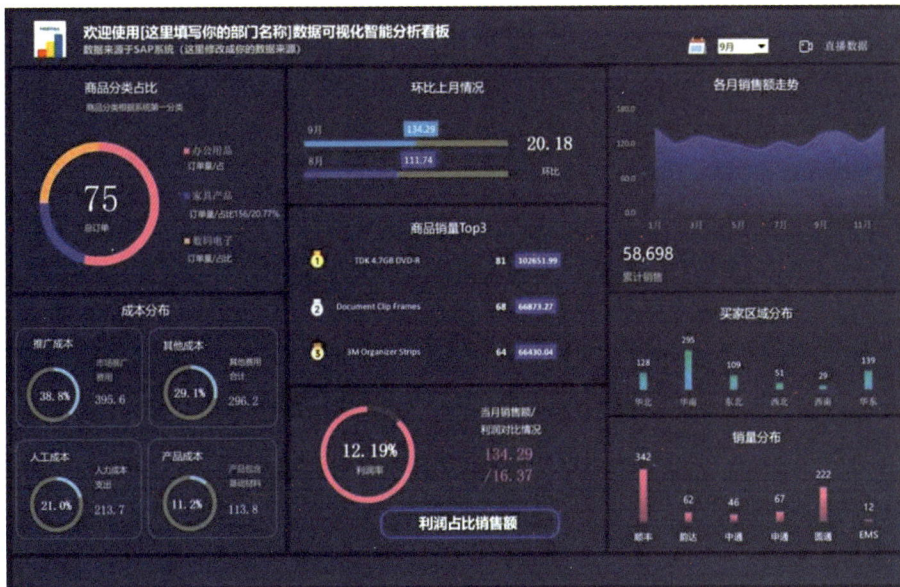

图 7-26　Power BI

(三)可视化大屏类

阿里 DataV 提供丰富的模板与图形,支持多数据源,拖拉式布局,支持服务化服务方式和本地部署,整体来说是一款很好的大屏产品(见图 7-27)。

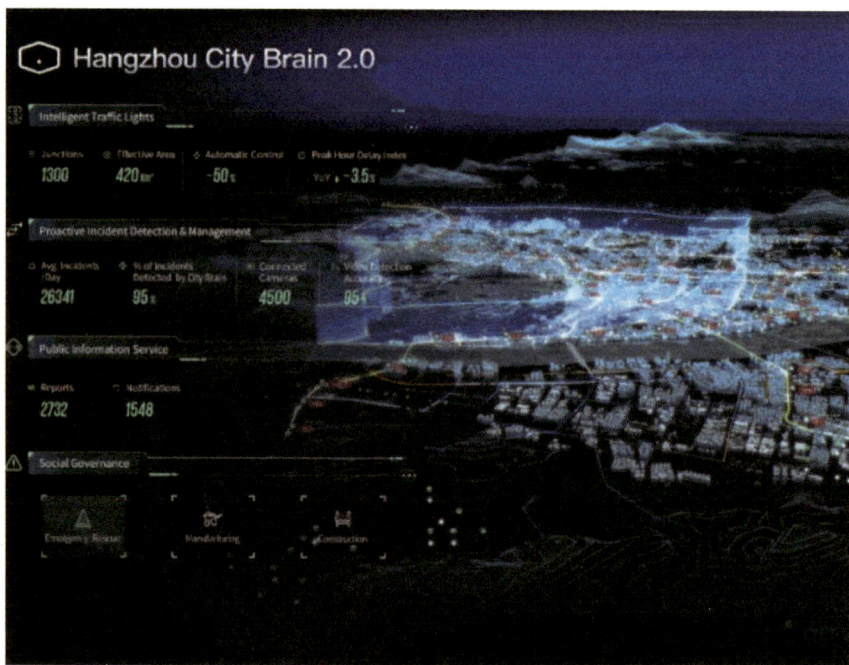

图 7-27 阿里 DataV

(四)专业类

1. R-ggplot2

R-ggplot2 是 R 语言最流行的第三方扩展包,是 RStudio 首席科学家哈德利·威克姆(Hadley Wickham)的作品,是 R 语言相比其他语言一个独领风骚的特点(见图 7-28)。"gg"是 grammar of graphics 的简称,是一套优雅的绘图语法,主要用于机器学习绘图。

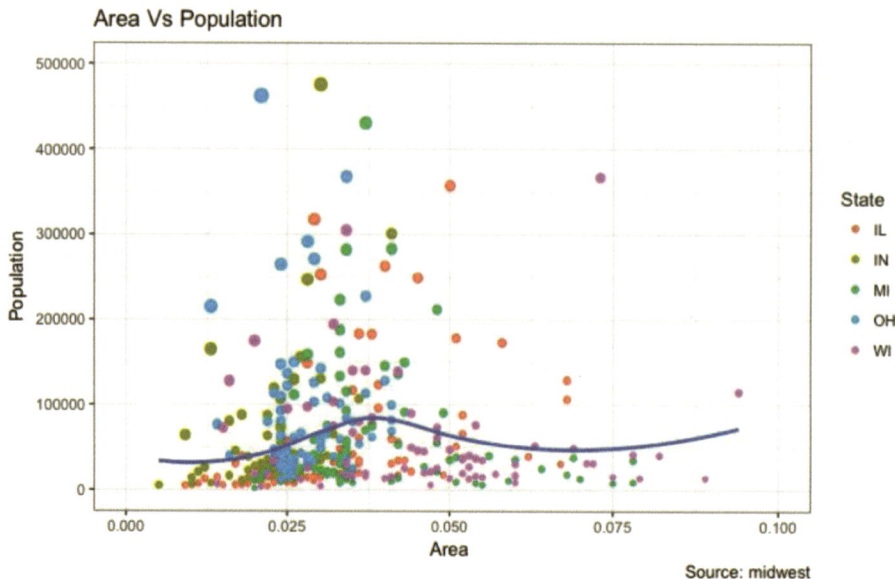

图 7-28 R-ggplot2

2. Python

Python 是一门编程语言，其周边的绘图库也比较丰富，如 Pandas 和 Matplotlib（见图 7-29）。Pandas 能够绘制线图、柱图、饼图、密度图、散点图等；Matplotlib 主要是绘制数学函数相关的图，如三角函数图、概率模型图等。

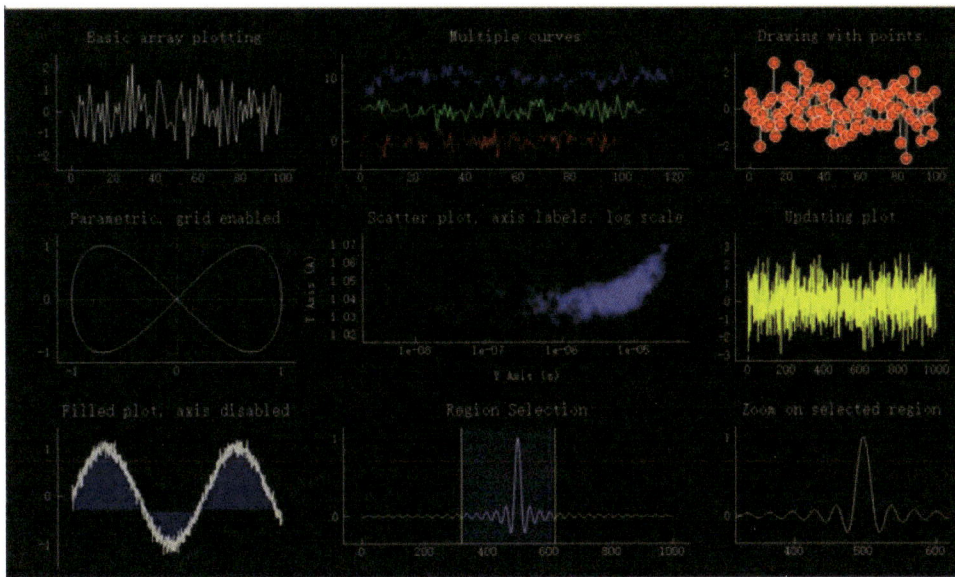

图 7-29　Python

第三节　数据服务的管理

一、数据服务

(一)什么是数据服务

对数据服务简单的理解就是数据 SaaS，把数据通过配置或 SQL（数据库或数据平台熟悉的语言）的方式变成标准化服务，如 Restful、CSV、Excel 等不同的数据方式供用户使用。而数据 SaaS，其实就是业内俗称的 DaaS(Data as a Service)，是以一种数据＋SaaS 的模式，把数据的使用变成标准化的网络服务（见图 7-30）。

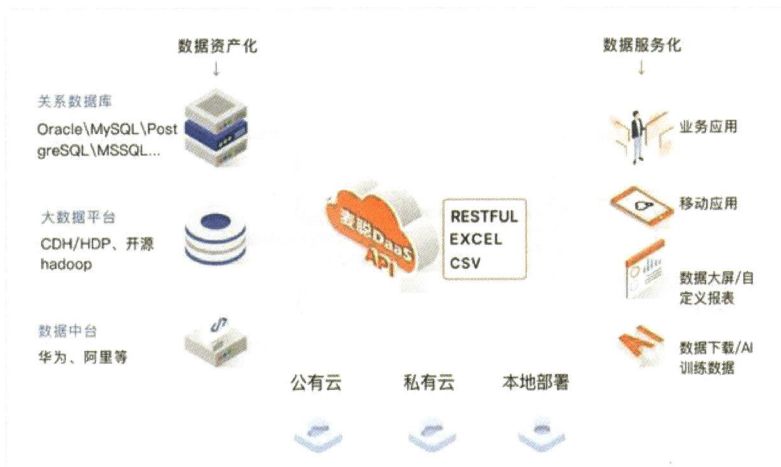

图 7-30　数据服务

有人可能会问：数据平台或数据库不是有标准的接口可以供应用进行调用吗？如 ODBC 及 JDBC 等驱动接口。这个说法忽略了要使用这些需要独立开发应用层，以及代码开发，进行数据的转换和拼接，同时不同的平台对接口调用的方式也不相同。在这种情况下，就需要不同开发语言的工程师进行开发，同时最终 API 接口的调用也很难保证稳定性，调用的行为也很难管理。

所以数据服务化可以被理解为把这些复杂的但有共性的开发工作进行标准化，最终让用户不用关心数据在哪里或数据是什么格式，就能直接调用数据，同时能了解数据调用的整体情况，也能对数据的调用进行快速的变更和管理。

数据服务的类别非常广泛，有提供数据传输能力的称为数据传输服务，有提供数据存储能力的叫作数据存储服务，有执行各种类型分析的称为数据分析服务，还有提供数据安全管理的叫作数据安全服务。这些都叫数据服务，但这些数据服务强调的是能力，还不是我们需要讲述的数据中台的数据服务。

那么，数据中台的数据服务是什么？较为权威的解释是，由数据中台提供统一的数据接入和数据查询服务，简称统一数据服务，它提供了三项数据服务。①主题式数据服务：基于元数据和规范定义和建模，构建主题逻辑表，屏蔽复杂物理表，提供业务视角下的查询。②统一且多样化数据服务：一站式提供一般查询、OLAP 分析、在线接口服务等查询和应用服务，便于数据跟踪管理。③跨源数据服务：统一数据接入层，屏蔽多种异构数据源的读写差异，减少数据访问和应用成本。

(二)数据服务的类型

业界常用的数据服务包括五种类型，即 API、事件中心、数据库、文件、终端＆APP。在数据中台领域，主要应用的是 API，所以本章会重点介绍 API 类型。

API 是最常用的一种数据服务的形式，是两个不同的计算机程序之间的接口或通信协议，目的是简化软件的开发和维护用户通过请求或响应来访问数据。目前，最通用、使用最广泛的 API 标准称为 REST API。

API 可以是 Web 系统、操作系统、数据系统、计算机硬件或是软件类库，可以以多种形式存在，但是通常会包括特殊的路由规则、数据结构、对象、变量或远程调用。POSIX、Windows 和 ASPI 是不同的 API 形式。API 通常会提供文档和实现形式。

通过 API 数据访问有两种形式，即 Push(推) 和 Pull(拉)。

其一，Push 是指数据供应端主动推送数据到数据消费端，典型的代表有事件订阅和数据库同步。例如，当物料主数据变化的时候，将最新的数据推送给所有的数据消费者系统。

这样的形式是从供应方的视角来处理的，因此不论数据消费者是否需要这些数据，也不论消费者对于这些数据的使用场景是怎样的，对于数据供应方，都是无差别推送过去，尽管消费者使用频率很低。

其优势是实时性很强，只要数据在源头发生了变化，都会第一时间推送给数据消费方。但是劣势也很明显，主要体现在：①无差别地推送，数据产生了很多资源浪费；②往往数据消费方需要二次加工这些推送来的数据，才能使用；③消费者是否使用及如何使用，不好管理，无法跟踪。

其二，Pull 是指数据消费方根据自己的需要，从数据供应端拉数据回来，这样的典型服务类型包括 Data API、文件下载和 Terminal＆APP。

Pull 是典型的精益形式，按需使用数据，用什么获取什么，什么时候用什么时候获取，用哪部分数据获取哪部分数据。

从数据消费者的视角来看，只有当数据应用方能够直接使用这个数据消息的时候，应用开发团队才不需要二次开发这个数据，否则应用开发团队需要在本地的存储中再次存储一遍这个数据，并且构建后端 AP，进一步加工这个数据。这样带来了前端应用利用数据的复杂性，也带来了一致性的问题。

(三)数据服务的核心功能

第一，接口规范化定义。对各个数据应用屏蔽了不同的中间存储，提供的是统一的 API。

第二，数据网关部署。作为网关服务，数据服务必须具备认证、授权、限流、监控四大功能，这是数据和接口复用的前提。

第三，数据全链路打通。服务很难避免出现问题或者故障，一旦出现问题，及早发现及早介入是非常重要的。因此，数据服务必须负责维护数据模型到数据应用的链路关系，构建服务平台的全链路监控，包括：①数据同步，对数据资产同步至高速存储的过程进行监控，包括数据质量检测(过滤脏数据)、同步超时或失败检测等；②服务稳定性，构建一个独立的哨兵服务，来监测每个 API 的运行指标(如延迟、可用性等)，客观地评估健康度；③业务正确性，数据服务需要确保用户访问的数据内容和数据资产表内容是一致的，因此，哨兵服务会从数据一致性层面去探查，确保每个 API 的数据一致性(见图 7-31)。

图 7-31 服务平台的全链路监控体系

第四，确立推和拉的数据交付方式。可参考上面提到的 API 数据访问的两种模式。

第五，利用中间存储，加速数据查询。数据中台中数据以 Hive 表的形式存在，基于 Hive 或是 Spark 计算引擎，并不能满足数据产品低延迟、高并发的访问要求，因此，一般做法是将数据从 Hive 表导出到一个中间存储，由中间存储提供实时查询的能力。

第六，基于逻辑模型发布 API，实现数据的复用。逻辑模型是解决数据复用的一个策略，在相同的物理模型之上，应用可以根据自己的需求，构建出不同的逻辑模型。可以在数据服务中定义逻辑模型，然后基于逻辑模型发布 API。逻辑模型实际是多个物理表，从用户的视角，一个接口可以访问多张不同的物理表。逻辑模型类似数据库中的视图，相比于物理模型，逻辑模型只定义了表和字段的映射关系，数据是在查询时动态计算的，因此不占用大量的物理存储空间。

第七，构建 API 集市，实现接口复用。为了实现接口的复用，我们需要构建 API 集市，应用开发者可以直接在 API 集市发现已有的数据接口，直接申请该接口的 API 权限，即可访问该数据，不需要重复开发。数据服务通过元数据中心，可以获得接口访问的表关联了哪些指标。使用者可以基于指标的组合，筛选接口，这样就可以根据想要的数据，查找可以提供这些数据的接口，形成闭环。

(四)数据服务可以解决的问题

通常数据在被使用和消费的过程中，往往会产生一些问题，而这些问题又会影响数据的使用效率和成果，因此如何消除这些问题成为数据服务的关键所在。下面是四个常见的数据使用问题，并据此展开说明数据服务如何解决这些问题。

问题 1：数据接入方式多样，接入效率低

数据中台加工好的数据，通常会以 Hive 表的形式存储在 HDFS 上。如果想直接通过数据报表或数据产品前端展现，为了保证查询的速度，会把数据导出到一个中间存储上。

数据量少的可以用 MySQL、Oracle 等 DB，具有部署维护方便、数据量小、查询性能强等优势。例如，数据量小于 500 万条记录，建议使用 DB 作为中间存储；涉及大数据量、多维度查询的可以用 GreenPlum，它在海量数据的 OLAP(在线分析处理)场景中有优异的性能表现。数据量超过 500 万条记录，要进行多个条件的过滤查询；涉及大数据量的单 Key 查询，可以用 HBase。在大数据量下，HBase 拥有不错的读写性能。

由于不同的中间存储，涉及的访问 API 也不一样，因此对数据应用开发，每个数据应用都要根据不同的中间存储，开发对应的代码。如果涉及多个中间存储，还需要开发多套代码，数据接入效率很低。此时，数据服务为数据开发屏蔽了不同的中间存储，通过使用统一的 API 接口访问数据，可以大幅度提高数据应用的研发效率。

问题 2：数据和接口无法复用

在图 7-32 中，当开发"数据应用-经营分析"时，数据开发会基于 a 表加工 c 表，然后数据应用开发会把 a 表和 b 表的数据导出到"数据应用-经营分析的数据库 db1"中，然后开发经营分析的服务端代码，通过接口 1 对 web 提供服务。

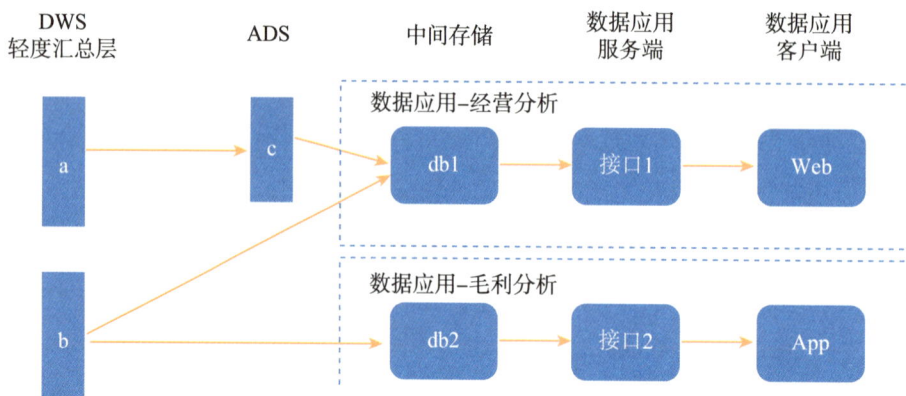

图 7-32　"数据应用-经营分析"及"数据应用-毛利分析"

当我们又接到任务开发"数据应用-毛利分析"时，我们同样需要用到 b 表的数据，虽然 b 表的数据

已经存在于 db1 中，但 db1 是"数据应用-经营分析"的数据库，无法共享给"数据应用-毛利分析"。同时，经营分析的服务端接口也无法直接给毛利分析用，因为接口归属在经营分析应用中，已经根据应用需求高度定制化。

因此，即使数据重复，不同数据应用之间，在中间存储和服务端接口上也是无法复用的。这种烟囱式的开发模式，导致了数据应用的研发效率非常低。此时，数据服务使数据中台暴露的不再是数据，而是接口，接口不再归属于某个数据应用，而是在统一的数据服务上，这就使接口可以在不同的数据应用之间共享。同时因为数据服务具备限流的功能，使接口背后的数据共享成为可能，解决了不同应用共享数据相互影响的问题。

问题 3：不清楚数据被哪些应用访问

在传统的数据项目中，由于数据平台通过导出/导入或数据复制的方式为数据应用提供数据，数据一旦进入下游系统中，数据平台就无法监控其使用情况，即使用了元数据中心，也无法实现数据全链路血缘分析。

想象一个真实的场景。某技术人员突然接到了一堆电话报警"有大量的任务出现异常"。经过紧张的定位后，他确认问题来源于业务系统的源数据库：因为一次数据库的表结构变更，导致数据中台的原始数据清洗出现异常，从而影响了下游的多个任务。这时，摆在他面前的是一堆需要恢复重跑的任务。可是队列资源有限，到底先恢复哪一个呢？哪个任务最终会影响到领导第二天要看的报表？

虽然数据血缘建立了表与表之间的链路关系，但是在表的末端，却不知道这个表被哪些应用访问，所以应用到表的链路关系是割裂的。当某个任务异常时，无法快速判断出这个任务影响了哪些数据应用，也无法根据影响范围决定恢复的优先级，最终可能导致重要的报表没有恢复，不重要的报表却被优先恢复了。此时，数据服务打通了数据和应用的访问链路，建立了从数据应用到数据中台数据的全链路数据血缘关系，这就相当于在迷宫中拿到了一个地图，当任何一个任务出现问题，都可以顺着地图，找到这个故障影响了哪些应用，从而针对重要应用加速恢复速度。

问题 4：数据部门字段变更导致应用变更

数据中台底层模型的字段变更是比较频繁的场景。当"数据应用-经营分析"使用了数据中台的 ads_mamager_1d 这张表的 c 字段，如果我们对这张表重构，访问字段需要替换成 e 字段，此时需要数据应用修改代码。这种因为数据中台的数据变更导致应用需要重新上线，是非常不合理的，不但会增加应用开发额外的工作量，也会拖累数据变更的进度。

此时，通过数据服务把数据应用和中台数据进行解耦，当中台数据表结构变更时，我们只需要修改一下数据服务上接口参数和数据字段的映射关系就可以了。不需要再修改代码，重新上线数据应用。

二、数据服务治理

在数据中台架构和数据服务化的模式下，当服务量呈指数型增长或服务对象规模化时，自然而然会出现很多服务问题。为有效规避并有效解决这些问题，就需要通过服务治理来保障数据服务的稳定和正确。关于服务治理的范畴应该包括哪些，业界其实没有特别明确的标准，笔者按照行业内较为普及的方法和实际工作内容，总结出以下七大服务治理内容，分别是服务注册与发现、服务配置、服务限流、服务熔断、服务降级、负载均衡、链路追踪。

(一)服务注册与发现

服务之间相互调用，就需要知道对方的 IP 和端口。在没有注册中心的情况下，每个服务会将其他服务的 IP 和端口写死在自己的配置文件里。每次需要新增或移除一个服务实例的时候，相关联的所有服务都需要修改配置。当服务比较少的时候，问题还不大，但随着服务越来越多，服务实例的新增或移除越来越频繁，依然靠人工手动写配置和变更配置，对运维和开发来说简直就是灾难。为了解放双手、提高效率，服务注册与发现的机制就被聪明的人类设计出来了。

每个服务实例在启动运行的时候，都将自己的信息(包括 IP、端口和唯一的服务名字等)上报给注册中心，注册中心则会将所有服务注册的信息保存到注册表中，这就是服务注册。

有了注册中心之后，那服务 A 需要调用服务 B 时，就不是服务 A 的配置文件里写死服务 B 的 IP 和端口了，服务 A 里配置的是服务 B 的名字，服务 A 会根据服务 B 的名字向注册中心请求服务 B 的实例信息，从而拿到服务 B 的 IP 地址和端口，这就是服务发现。另外，服务 B 如果存在多个实例，那注册中心返回的可能就是服务 B 的实例信息列表，这时服务 A 则可以选用某种负载均衡算法取得其中一个 IP，再进行调用。有些注册中心自身也提供了负载均衡算法，直接算好一个 IP 并返回，则无需服务 A 自己选择。

服务注册与发现，除了可以动态获取 IP，还有一个重要的功能就是可以自动监控管理服务器的存活状态。主要实现方式就是注册中心与每个服务器之间定时发送心跳包，做健康检查。一旦心跳包停止，则可判断为该服务器宕机了，就会标记这个实例的状态为故障，或者干脆剔除掉这台机器。当故障机器被修复后，服务重新启动后，健康检查会检查通过，然后这台机器就会被重新标记为健康。简而言之，使用注册中心实现服务的自动注册与发现，就是服务治理的第一步。

(二)服务配置

每个服务或多或少总有一些配置参数要管理，如配置服务访问的端口、数据库连接参数、Redis 连接参数、日志参数、一些热开关、黑白名单等。在微服务架构系统中，基本都是用配置中心来统一管理所有服务的配置。和注册中心一样，配置中心也是微服务架构中的一个基础设施。

为什么需要配置中心呢？可以看看在没有配置中心的情况下，是如何处理各种配置参数问题的。没有配置中心的情况下，各个服务各自管理自己的配置参数，有的通过数据库管理配置，有的使用配置文件进行管理。配置文件可能还使用不同格式，有的可能用 properties 文件，有的可能用 yaml 文件，有的可能用 conf 文件，有的则可能用 xml 文件。另外，对配置项的命名规则也可能不一样。缺少统一管理，各自为政，运维人员做维护时就会非常痛苦。而且，如果参数需要修改，也很不灵活，甚至还要重启运行中的服务才能生效。一般一个服务还会部署多个实例，那该服务的配置参数需要修改的时候，所有实例也都要同步修改和重启，如果有一台不小心改错了参数，那还可能引发生产事故。而且，项目中都会有多个环境，如测试环境、UAT 环境、生产环境等。不同环境的配置参数一般是不同的，一般分开不同的配置文件进行隔离。例如，①测试环境：conf-test. yaml；②UAT 环境：conf-uat. yaml；③生产环境：conf-prod. yaml。

没有配置中心的情况下，不同环境的配置参数也只能手动维护，这会存在一些问题。①生产环境的配置信息暴露了出来，容易产生安全事故；②前面提到的手动改参数的弊端容易进一步扩大；③如果不小心将测试环境的配置带到了生产环境，也会引发生产事故。

还有一个弊端就是配置修改无法追溯，因为采用了静态配置文件方式，那修改配置之后，不容易形成记录，更无法追溯是谁修改的、什么时间修改的、修改前的内容是什么。既然无法追溯，那么当配置出错时，也就无法回滚配置了。而使用配置中心，就可以很好地解决以上说的那些问题。使用配置中心，就可以统一管理不同环境、不同集群的配置，并且可以追溯对配置的每次修改。

(三)服务限流

限流、熔断、降级是经常听到的三个名词，但对三者的区别和关系，很多人分不清楚。下面将介绍三者的区别，以及如何落地应用到实际项目中。

互联网系统中流量的突然暴涨很常见，有些场景是可以预见的，而有些场景则是不可预见的。如果对高流量不做任何保护措施，当请求超过服务器承载极限的时候，系统就会崩溃，导致服务不可用。那么，在高流量的场景下，如何保证服务集群整体稳定和可用性呢？主要有两个方向：一个是通过资源扩容来提升系统整体的容量，缺点就是成本比较高，并且考虑到 ROI(投入产出比)，也不可能无限扩容；另一个更经济可行的选择就是限流。

限流是指当系统资源不足以应对高流量的时候，为了保证有限的资源能够正常服务，按照预设的规则，对系统进行流量限制。预设的规则中，核心指标可能是 QPS、总并发数、并发线程数，甚至是 IP 白名单，根据这些指标预设的值来决定是否对后续的请求进行拦截。常见的限流算法有计数器算法、滑动窗口算法、漏桶算法、令牌桶算法。

在实际应用中，尤其在分布式系统中，使用最广泛的组件应属 Sentinel，它的定位就是面向分布式服务架构的高可用流量控制组件。Sentinel 提供的主要功能不仅是限流，也提供了熔断降级、系统负载保护。对多语言的支持方面，除了 Java，也支持了 Go 和 C++。另外，限流方面，Sentinel 除了支持单机限流，也支持集群限流。

具体到交易系统中，应该在哪些地方作限流呢？主要就是对接口作限流，而接口可以分为管理端 API、客户端 API、开放 API、服务内部 API 四大类。管理端 API 基本不会有突发流量的产生，所以也没必要作限流。客户端 API 和开放 API 则需要作限流，但两者的限流规则应该不一样，对开放 API 的限流规则应该严格一些，因为更容易被攻击。服务内部 API 在目前阶段也可以不作限流，一般微服务的规模比较大，某些服务的调用方比较多的时候需要作限流；或者其他一些场景导致下游出现突发流量的时候，如上游调用方多线程并发跑定时任务调用下游服务的接口，这种情况下为了防止接口被过度调用，就需要对每个调用方进行细粒度的访问限流。

所以，给客户端 API 和开放 API 加限流，就需要在客户端 API 网关和开放 API 网关集成限流组件，组件的选型就直接用 Sentinel。这两个 API 网关应该都是多实例部署的，所以分别需要做集群限流。部署方式采用独立部署 Sentinel 服务端的方式，并且每个网关实例需要引入 Sentinel 客户端依赖。

限流规则的粒度方面，除了需要限制集群整体的访问频率，还需要限制某类接口甚至某个具体接口的访问频率。网关层的限流只能做到粗粒度的集群整体的限流，以及按不同路由名称进行限流。而具体到某个接口的，则只能在业务层的微服务进行限流了，所以还需要给对应的微服务集成限流组件客户端。具体接口层面，应该对下单请求进行限流，而限流策略可以用匀速器方式，对应的则是漏桶算法。

(四)服务熔断

服务熔断主要是应对服务雪崩的一种自我保护机制，当下游的目标服务因为某种原因突然变得不可用或响应过慢，上游服务为了保证自己整体服务的可用性，不再继续调用目标服务，直接返回，快速释放资源。如果目标服务情况好转则恢复调用。

对熔断机制的设计，业内基本上都是采用熔断器模式来实现，马丁·福勒对此设计进行了比较详细的说明。熔断器主要有三种状态。①closed：关闭状态，让请求通过的默认状态。如果请求错误率低于阈值，则状态保持不变。可能出现的错误是超过最大并发数和超时错误。②open：当熔断器打开的时候，所有的请求都会被标记为失败。这是故障快速失败机制，而不需要等待超时时间完成。③half open：半开状态时，会定期尝试发起请求来确认系统是否恢复。如果恢复了，熔断器将转为关闭状态或保持打开。

Sentinel 提供的熔断策略则有三种，除了上面说的错误率方式，即异常比例方式，还提供了另外两种统计方式：慢调用比例和异常数。①异常比例：当单位统计时长内请求数目大于设置的最小请求数目，并且异常的比例大于阈值，则接下来的熔断时长内请求会自动被熔断。经过熔断时长后熔断器会进入探测恢复状态，若接下来的一个请求成功完成(没有错误)则结束熔断，否则会再次被熔断。异常比率的阈值范围是[0.0，1.0]，代表 0～100%。②慢调用比例：选择以慢调用比例作为阈值，需要设置允许的慢调用 RT(即最大的响应时间)，请求的响应时间大于该值则统计为慢调用。当单位统计时长内请求数目大于设置的最小请求数目，并且慢调用的比例大于阈值，则接下来的熔断时长内请求会自动被熔断。经过熔断时长后熔断器会进入探测恢复状态，若接下来的一个请求响应时间小于设置的慢调用 RT 则结束熔断，若大于设置的慢调用 RT 则会再次被熔断。③异常数：当单位统计时长内的异常数目超过阈值之后会自动进行熔断。经过熔断时长后熔断器会进入探测恢复状态，若接下来的一个请求成功完成(没有错误)则结束熔断，否则会再次被熔断。

限流和熔断都是为了保护当前服务自身的可用性，但限流是为了防止上游服务调用量过大从而压垮当前服务，熔断则是为了避免下游服务出现故障时引发级联故障。

(五)服务降级

从概念上来说，服务降级是当服务器压力剧增的情况下，根据当前业务情况及流量对一些服务和页面进行策略性的屏蔽或降低服务质量，以此释放服务器资源以保证核心任务的正常运行。

从使用场景来说，当整个微服务架构整体的负载超出了预设的上限阈值或即将到来的流量预计将会超过预设的阈值时，为了保证重要或基本的服务能正常运行，我们可以将一些不重要或不紧急的服务进行延迟使用或暂停使用。

服务降级的方式或策略其实有多种，除了限流和熔断，常用的还有以下六种。①关闭次要服务：在服务压力过大时，关闭非核心功能的服务，避免核心功能被拖垮。②丢弃部分请求：对于一些老请求即从接收到处理的时间已经超过了一定时间的请求，可以直接丢弃；根据请求的优先级，有选择性地丢弃那些优先级低的请求；随机丢弃一定比例的请求。③读降级：对于读一致性要求不高的场景，在服务和数据库压力过大时，可以不读数据库，降级为只读缓存数据，以这种方式来减小数据库压力，提高服务的吞吐量。④写降级：在服务压力过大时，可以将同步写转为异步写，来减小服务压力并提高吞吐量。把同步改成了异步，也就意味着降低了数据一致性，保证数据最终一致即可。⑤屏蔽写入：很多高并发场景下，查询请求都会走缓存，这时数据库的压力主要是写入压力。所以对于某些不重要的服务，在服务和数据库压力过大时，可以关闭写入功能，只保留查询功能，这样可以明显减小数据库压力。⑥数据冗余：服务调用者可以冗余它所依赖服务的数据。当依赖的服务故障时，服务调用者可以直接使用冗余数据。

从分类上来说，可以把服务降级分为手动降级和自动降级两大类。手动降级应用较多，主要通过开关的方式开启或关闭降级。自动降级如限流和熔断就属于这一类。手动降级大多也可以做成自动的方式，可根据各种系统指标配置阈值，当相应指标达到阈值时则自动开启降级。不过，在很多场景下，由于业务比较复杂，指标太多，自动降级实现起来难度比较大，而且也容易出错。所以，在考虑做自动降级之前一定要充分做好评估，相应的自动降级方案也要考虑周全。

（六）负载均衡

在微服务架构中，负载均衡也是必须使用的技术，通过它来实现系统的高可用和集群扩容等功能。当然，如果目标服务只有一个实例，那其实就无须添加负载均衡了。负载均衡主要分两种：服务端负载均衡和客户端负载均衡。我们平时所说的负载均衡通常指的是服务端负载均衡，可通过硬件设备或软件来实现，硬件如 F5、Array 等，其优点就是功能强大、性能强大、稳定性高，但缺点就是价格昂贵且可扩展性差，所以更多还是使用软件，软件主要用 LVS、Nginx、HAproxy 等。而系统内部不同服务之间的负载则用客户端负载均衡，Spring Cloud Ribbon 就是基于客户端的负载均衡组件。

服务端负载均衡主要应用在系统外部请求和网关层之间，常用的还分为四层负载均衡和七层负载均衡。四层负载均衡工作在 OSI 模型的传输层，主要做转发，它在接收到客户端的请求之后，会通过修改数据包的地址信息将请求转发到应用服务器。实际应用中，大部分项目都是采用 LVS 作为四层负载均衡器，包括 BAT 等大厂，也都是 LVS 的重度使用者。LVS 具备可靠性、高性能、可扩展性和可操作性的特点，从而以低廉的成本实现最优的性能。七层负载均衡，也称为内容交换，主要通过报文中的真正有意义的应用层内容，再加上负载均衡器设置的服务器选择方式（即负载均衡算法），决定最终选择的内部服务器。七层负载均衡的好处就是使得整个网络更智能化，可以根据 URL 或请求参数路由到不同的服务器。工具的选型方面，使用最广泛的当属 Nginx。Nginx 除了做负载均衡，还可以做静态 Web 服务器、缓存服务器、反向代理服务器等。

服务端负载均衡要做到高可用，常用的方案是做两层负载：第一层 LVS＋Keepalive；第二层 Nginx。两层的负载至少都是双机热备，避免单点故障。第一层的负载需要绑定一个公网 VIP，域名解析也是解析到这个 VIP。

客户端负载均衡应用在微服务系统内部，实现上下游服务之间的负载均衡。不同于服务端，负载均衡是将下游的服务器列表存储在独立的负载均衡服务器里，客户端负载均衡则是将下游的服务器列表保存在上游服务器里，而且下游服务器的集群服务器列表是从注册中心获取并存储的，再根据实现的负载均衡算法选定对应的服务器实例进行请求的下发。

客户端负载均衡最关键的还是负载均衡算法，常用的有以下算法。①随机法：将请求随机分配到各台服务器，适合于所有服务器都有相同的资源配置并平均服务请求相对均衡的情况。当请求量很大的时候，请求分散的均衡性最好。如果请求量不大，则可能会出现请求集中在某些服务器的情况。②加权随机法：给每台服务器配置权重值，权重值高的则接收到请求的概率就会较高，适合于服务器的资源配置不一样的场景。③轮询法：就是将请求按顺序轮流分发到每个服务器，和随机法一样，适合于服务器资源配置一样的情况，请求量不大的时候也适用。④加权轮询法：和加权随机法一样，不同资源配置的服务器会配置不同的权重值，权重值高的被轮询到的概率也高。⑤一致性 Hash 法：主要是为了让相同参数的请求总是发给同一台服务器，如同个 IP 的请求。⑥最小连接法：将请求分配到当前连接数最少的服务器上，可以尽可能地提高服务器的利用效率，但实现比较复杂，需要监控服务器的请求连接数。

(七)链路追踪

微服务架构系统，每个用户请求往往涉及多个服务，并且不同服务可能由不同团队开发，可能使用不同编程语言实现，还可能分布在横跨多个数据中心的几千台服务器上。在这种背景下，就需要一些能帮助理解系统行为、分析性能问题的工具，并且在发生故障的时候能够快速定位和解决问题，这工具就是分布式追踪系统，也称为 APM(Application Performance Monitor)系统。

三、数据服务管理的必要性和重要性

在财务大数据应用中，数据服务管理的必要性和重要性是不可忽视的。数据服务管理确保了数据的准确性、完整性和安全性，使数据符合规范要求，从而优化数据流程，并提供可靠的决策支持，这些都对企业的发展至关重要。

(一)数据质量保障

财务数据的准确性对于企业的经营决策至关重要。数据服务管理可以确保数据质量，包括数据的准确性、完整性和一致性，从而避免因为错误数据导致的误判和风险。

(二)合规要求

财务数据涉及企业的财务报表、税务申报等重要信息，必须符合法律法规和监管要求。数据服务管理可以确保财务数据的合规性，避免因数据不当使用导致的法律风险。

(三)数据安全

财务数据往往包含敏感信息，如客户信息、交易记录等。数据服务管理可以确保数据的安全性，包括访问控制、加密、备份等措施，防范数据泄露和黑客攻击。

(四)数据流程优化

财务大数据应用涉及多个环节和部门，数据服务管理可以优化数据流程，确保数据流畅、及时，提高数据的可用性和可访问性，为业务决策提供支持。

(五)决策支持

财务大数据应用的最终目的是为企业决策提供支持。数据服务管理可以确保数据的一致性和可靠性，提高数据的分析和挖掘价值，为企业决策提供可靠依据。

DAMA-CDGA/CDGP 数据治理认证

DAMA 认证为数据管理专业人士提供职业目标晋升规划，彰显了职业发展里程碑及发展阶梯定义，帮助数据管理从业人士获得企业数字化转型战略下的必备职业能力，促进开展工作实践应用及实际问题解决，形成企业所需的新数字经济下的核心职业竞争能力。

CDGA 数据治理工程师属于 DAMA 认证中文版考试中的初级证书。

CDGP 数据治理专家属于 DAMA 认证中文版考试中的高级证书。

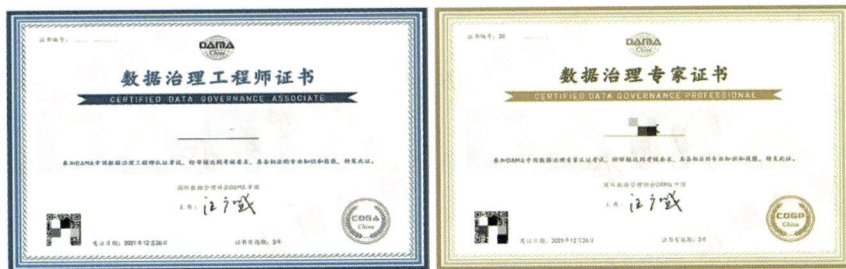

图 7-33　CDGA/CDGP 数据治理认证

<table>
<tr><td style="background:#cfa06a; width:33%"></td><td style="background:#4a6b9a; width:33%"></td><td style="background:#a8c3e0; width:34%"></td></tr>
</table>

第八章 财务大数据的典型应用场景及未来发展趋势

【章节导读】

在本章中，我们将深入探讨两个关键的财务信息化模型案例：费用票据自动识别模型和会计凭证自动生成模型。这两个模型的出现标志着财务领域在信息化时代的发展中取得了重大进步，为企业财务管理带来了全新的思路和方法。

第一，介绍费用票据自动识别模型。这个模型旨在通过自动化信息化手段替代人工审核费用，从而提高审核效率和准确性。我们将深入探讨模型的基本理解、元素化应用阶段、审核中心阶段及智能学习预测阶段。通过学习本节内容，可以了解费用审核模型的工作流程、技术支持和应用价值。

第二，讨论会计凭证自动生成模型。这个模型旨在解放财务人员处理简单低价值工作，提高财务处理效率。我们将详细介绍模型的构建原理、数据收集过程、规则库的设置和维护及机器学习的应用。通过学习本节内容，将可以了解如何利用机器学习和专家辅助技术实现自动生成财务凭证，从而提高财务工作效率和准确性。

随着科技的快速进步，财务领域正日益深度融合大数据技术。展望未来，财务大数据的发展将呈现下面四个显著趋势。首先，深度学习与人工智能的结合将大幅提升财务数据分析的准确性和效率。其次，区块链技术的应用有望实现财务数据的去中心化和更高水平的安全性。再次，数据可视化工具的普及将使得财务数据更加直观易懂，为决策者提供更清晰的洞察。最后，云计算技术的普及将降低财务大数据处理的成本和门槛，推动更多企业实现智能化的财务管理和信息化发展。财务大数据的未来不仅将为企业决策提供更精准、及时的支持，也将促进财务领域向更高效、智能化方向发展。

【知识框架】

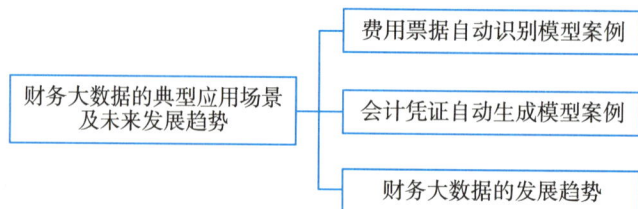

【章节目标】

知识目标：理解费用审核模型和会计凭证自动生成模型的基本原理，包括数据收集、结构化处理、规则匹配等流程；掌握用于自动化审核的技术工具和方法，如 OCR 技术、RPA 技术、机器学习算法等，并能够理解它们在费用审核和凭证自动生成中的应用。

能力目标：学生应该能够将非结构化的原始数据转化为结构化数据，掌握数据处理和清洗的基本技能，以便后续的自动化审核和凭证生成。能够根据业务需求建立审核规则库，并能够理解规则的更新和维护机制，包括人工干预和基于机器学习的自动更新。

素养目标：具备批判性思维和问题解决能力，能够分析和评价自动化审核模型的优缺点，并能够提出改进建议，解决实际问题；学生应该能够在团队中协作，共同制定和更新审核规则，有效沟通和协调各个环节，确保自动化审核模型的顺利运行；培养学生的道德意识和责任感，能够识别和处理潜在的道德和合规问题，确保自动化审核模型的合法合规运行，维护企业的声誉和利益。

第一节　费用票据自动识别模型案例

费用审核模型是指通过自动化、信息化的手段代替人工审核费用的模型。业务发生时产生的非结构化数据，通过一定的技术手段，转化为结构化数据，数据汇总进审核中心后，基于既定的规则进行系统自动规则判断并得出审核结论。

在企业中，费用业务的种类大致可以分为销售费用、财务费用、管理费用等。对于业务发生产生的费用，一般会有业务单据承载信息，以及费用发生的原始凭证作为依据，审核者基于原始凭证对照单据进行审核。通常情况下，原始凭证为发票、车票等，是一种非结构化的数据形式，而表单信息通常是结构化的数据。业务活动发生就代表数据的产生，数据的利用将在下一个阶段进行处理。

在元素化应用阶段，主要的工作内容在于如何将非结构化的数据进行结构化的处理，如何将得到的结构化数据进行分类，对应每个规则库。例如，车票凭证的信息作为非结构的数据，可能是一张照片，由实际报销人进行拍照上传，在照片阶段无法获取任何有价值的信息，但利用 OCR 等成熟技术，可以将图片中的文字进行识别，得到准确的可以加工的数据。在得到结构化数据之后，需要对数据进行分类，分别对应到不同的规则库。在下一个阶段将基于具体规则进行数据判断。

在审核中心的阶段，数据将在这里进行对比和分析。一般情况下分为三个阶段的对比分析，即基本信息的完整性审核、业务发生合规性审核及大数据分析的智能审核（见图 8-1）。①基本完整性审核是对业务单据与原始凭证的基础的对比判断，如实物单据与电子影像一致性检验、粘贴单金额与张数与报销单填写一致、附件是否齐全、发票信息是否正确、发票验真是否合格等，是作为数据准确性的审核标准。②业务发生的合规性审核是通过数据准确性检查后，基于企业的规章制度，对于业务发生的合理性进行判断。例如，判断此员工本次报销的车票是否符合员工可以享受的标准范围，如果不符合，此次费用报销也是无法通过的。③大数据分析审核是指数据在这个阶段将考虑数据附加价值，将数据基于一定的模型计算形成分析报告，进行自动的推测。在这个阶段需要强调的是，不同的规则基于的规则库是不同的，在审核前须先对业务规则进行梳理，按照主题的不同，建立起相对应的规则中心。

在智能学习预测阶段，这里需要介绍的是对规则库的不断完善机制，基于机器学习的技术，自动将缺少的规则添加进规则库中，减少人工添加的时间成本，进而有效地提高效率。

在费用智能化审核模型中包含了很多新型的技术，如 OCR、RPA、机器学习等，这些信息化的手段帮助企业将业务发生的数据变成可利用的数据，最终进行自动判断和加工，形成数据的价值，供决策者使用。

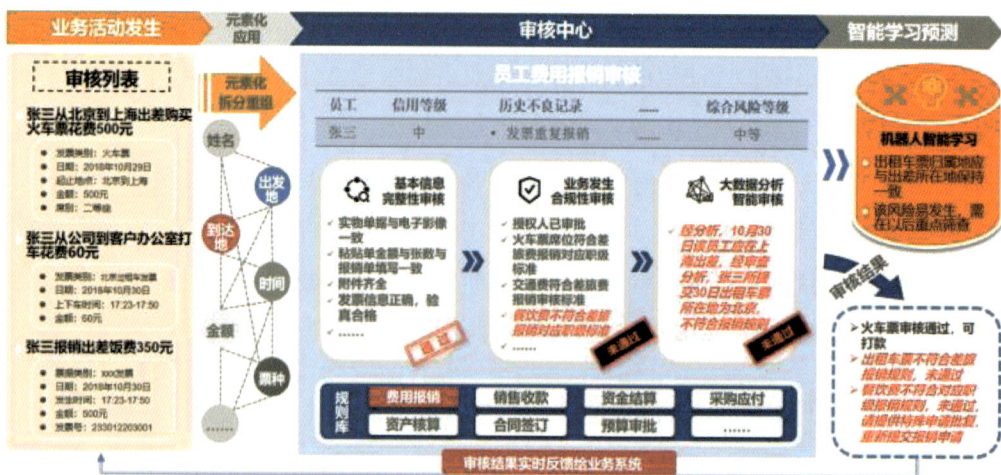

图 8-1 费用票据自动识别模型架构

第二节　会计凭证自动生成模型案例

在企业财务顺应信息化时代的发展时，财务的职能也在逐渐转换至更高层次的财务要求，需要全力解放财务人员处理简单低价值的工作内容，提高财务工作的效率。基于机器学习和专家辅助，自动生成凭证模型；基于财务大数据分析及信息技术，实现自动生成财务凭证，大大提高财务业务的处理效率。

对原有财务数据的收集，通常通过业务表单的形式，收集大量业务的基础数据，基于规则库的设置，进行业务的拆解，通常是要素的拆解，将业务的基本数据按照维度进行提取，如生产部门、业务类型、金额等需要进行判断的要素一一摘取。将业务进行要素化的组合，形成可进行匹配并清理后的数据组合，送入规则库进行判断。

在规则库的判断过程中，根据匹配业务的相似度进行同类型的业务处理，对于小于95％相似度的业务类型(少量发生的业务)推送至人工进行处理。大于95％相似度的数据组合需要和规则库规则一一对应，生成新的凭证，预制凭证的生成仍需人工进行复核。在这个过程中，规则库的维护也将基于机器学习的能力，自动进行维护更新(见图8-2)。

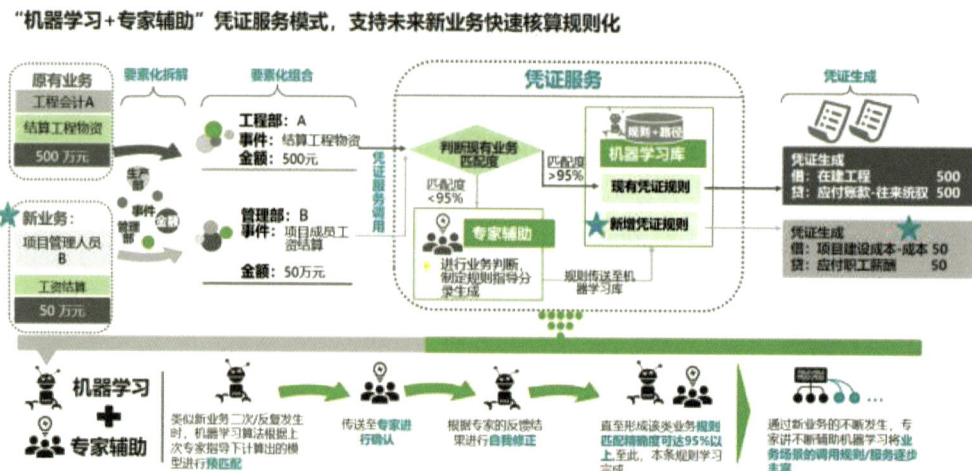

图 8-2 会计凭证自动生成模型架构

第三节　财务大数据的发展趋势

大数据的时代已经到来，党的十八大以来，在以习近平同志为核心的党中央掌舵领航下，新时代的中国乘势而上、奋楫前行，在风云激荡的时代画卷上书写了信息化发展的精彩篇章。2021年3月11日，十三届全国人大四次会议表决通过了关于《中华人民共和国国民经济和社会发展第十四个五年规划和2035年远景目标纲要》的决议，提出"加快数字化发展　建设数字中国"，在打造数字经济新优势、加快数字社会建设步伐、提高数字政府建设水平、营造良好数字生态等方面作出战略部署。

2021年年底，中央网络安全和信息化委员会印发《"十四五"国家信息化规划》，明确了未来的发展目标：到2025年，数字中国建设取得决定性进展，信息化发展水平大幅跃升，数字基础设施全面夯实，数字技术创新能力显著增强，数据要素价值充分发挥，数字经济高质量发展，数字治理效能整体提升。

通过规划前瞻部署，一锤接着一锤敲，是中国特色社会主义制度的巨大优势。《"十四五"国家信息化规划》成为未来五年开展信息化工作的任务书、责任状和路线图。

承载"十四五"规划，加速会计数字化转型、职能向外拓展的总要求，面对经济市场的运营模式变革，企业的运营方式、财务管理方式也提出了新的要求与挑战。作为市场经济的主体，企业应积极转变管理、经营思路，将大数据技术与财务管理工作融合起来，建立全面的财务管理机制，为企业选拔和培养专业财务管理优秀人才。

在大数据背景下，企业财务管理的发展趋势主要体现在以下五个方面。

（一）企业财务管理方式的变化

首先，财务数据来源渠道的多种多样，结构体系复杂程度高，对信息的辨别和挖掘的难度系数很高。大数据时代发展下，数据收集已经完全突破了传统上的地域和行业之间的隔阂，获取信息的多方向彰显了会计信息的信息化处理的优点。而如何在众多的数据信息当中挖掘出符合企业管理和决策的有效信息，这就需要信息化技术能够进一步完善自身的性能。其次，数据信息量的不断扩大，难以避免会将错误的信息纳入信息资料库当中，进而难以保障财务数据的真实性，这将对企业发展产生消极的影响，导致企业在市场竞争的过程中难以占据主动位置。大数据通过信息化手段进行收集和整理有利有弊，而想要促进这一过程的进一步发展，企业应该切实促进自身的手段和技术的有效提升，从而为相应的业务工作打下坚实的基础。

（二）企业财务管理模式的转型

首先，企业财务部门应转变工作方法、管理模式，主动学习并应用大数据技术作为财务管理工作的工具，提升企业财务管理效率。在企业财务管理工作中，应结合大数据分析技术，建立新的企业财务管理模式，提升企业财务管理工作效率，降低企业经营生产成本，确保企业资金链的正常稳定。其次，企业财务管理部门的职能应随之作相应的转变。应当确保企业财务管理部门权限明确、分工合理，避免企业财务管理工作的分工混乱，或者在某项工作环节出现漏洞，增加公司财务管理工作的风险。通过建立与完善企业财务管理的组织结构，清晰界定每个工作人员的职责与工作权限，确保企业财务管理部门中工作秩序的有条不紊。最后，实施财务预算风险监督机制。利用大数据技术，加强企业各部门之间的沟通协调，实施财务预算管理，确保企业资金链的完整与稳定，加强对财务预算的风险监督，利用大数据技术去分析、辨认、评估潜在的风险因素，避免企业遭受不必要的经济损失。

（三）实施信息化的企业财务管理制度

企业需要在短时间内收集、整理大量的信息数据，而如何借助信息技术手段提升企业财务管理水平，则成为企业财务管理工作中的重点内容。为了实施信息化财务管理，企业需要设置信息化平台，安装信息化数据库，让财务工作人员了解信息化财务管理的技术应用，加强其他部门与财务管理部门的数据信息沟通，积极应对大数据时代的机遇与挑战，具体做好以下三个方面的工作。一是建立与完善信息化财务管理的管理理念与工作机制，打造信息化财务管理的技术平台，制订信息化财务管理的工作机制。企业领导层和财务管理部门应带领其他部门做好财务数据信息的收集、整理等工作，制订财务数据信息收集整理的工作机制与流程，确保每个部门积极主动发挥各自的管理职能，通过信息平台实现财务数据的交换和分享，逐步实现财务管理部门工作质量的提升。二是加强财务信息化软件的研发与更新，确保信息化财务系统平台的顺畅运行。信息化软件的升级，能够确保信息数据的准确性，提升数据采集的速度与质量。三是信息化财务管理制度的建立，能够为企业财务管理工作创建良好的外部环境与内部环境，确保企业的财务管理安全。

（四）培养财务部门工作人员的专业能力

企业财务管理工作需要掌握信息化管理技能的专业人员，以提升财务部门的信息化管理水平，以科学的信息化财务管理理念，指导财务部门的日常工作，实现企业人力资源、资金和其他物资的合理优化配置，帮助企业员工树立岗位责任心，建立绩效评估与奖惩考核机制，将财务管理岗位责任落实到具体的人员身上。建立财务人员的人力资源管理、人才培养机制，采用数据库、云技术和信息管理技术，不断提升财务工作人员的专业水平，应对大数据时代的变化与挑战。

（五）信息化大数据财务管理系统的应用

首先，财务数据与信息的收集工作。应用信息化大数据财务管理系统后，财务部门能够及时收集到财务预算、资金、成本等多方面的数据信息，建立会计管理、财务管理的相关制度，将财务单据、影像资料利用信息化数据管理系统收集、整理，与其他有权限的部门分享、交流，实现数据信息的预处理、自动转化，对原始数据资料进行备案，提升企业财务管理的质量。其次，数据与信息的分析应用。使用信息化大数据财务管理系统，可以对数据库中的信息数据，按照逻辑进行排列、组合和类型划分；可以应用预处理技术、抽取技术、采集技术，对各方收集的数据进行分析，并归类输入信息化财务管理系统中，实现数据信息的共享、整合、交换。最后，数据与信息的查询与应用。在采集、归类与分析的基础上，应用大数据信息化财务管理系统，按照使用需求将相关数据调取出来，用于制订会计决策、财务报表等。企业管理者、财务部门的负责人可以按照使用权限，对系统中的数据信息进行访问和调取。大数据财务管理系统应做好安全防护，防范企业内部数据被损害或盗取。

综上所述，在大数据时代中，企业的财务管理工作需要改革与创新，应用信息数据化的管理方法，以适应当前的经济环境与市场发展需求。企业的财务管理工作者应当提升个人的专业素养和思想认识，学习与应用信息化的财务管理方法，提升企业信息化财务管理的质量，促进企业长期可持续发展。